Roy Eugene Davis
Meditation als Lebenshilfe

Roy Eugene Davis

Meditation als Lebenshilfe

Einfache Einführung in die Meditation

mvg verlag

CIP-Kurztitelaufnahme der Deutschen Bibliothek

Davis, Roy Eugene:
Meditation als Lebenshilfe: einfache Einf. in d.
Meditation / Roy Eugene Davis. [Aus d. Engl.
übertr. von Rosemarie Schneider in Zusammenarbeit
mit Hans Endres]. – Landsberg am Lech:
mvg-Verlag, 1987.
(mvg-Paperbacks; 325)
Einheitssacht.: An easy guide to meditation
‹dt.›
ISBN 3-478-03250-4

NE: GT

Titel der Originalausgabe: »An Easy Guide To Meditation«

Aus dem Englischen übertragen von Rosemarie Schneider in
Zusammenarbeit mit Dr. Hans Endres

Umschlaggestaltung: Gruber & König, Augsburg
Gesamtherstellung: Presse-Druck Augsburg
Printed in Germany 030 250/1087802
ISBN 3-478-03250-4

Inhalt

Vorwort

Dieses Buch hilft Ihnen, sich von Spannung und Streß zu befreien, Bewußtsein zu entfalten und sich besser zu konzentrieren.

Hier finden Sie Methoden, Techniken und praktische Anleitungen, die Sie ermutigen, der Mensch zu sein, zu dem Sie bestimmt sind.

Vielleicht meditieren Sie bereits, aber meditieren Sie richtig? Sind die Ergebnisse positiv und bringen Sie Ihnen Gewinn? Beinahe jedermann kann in wenigen Minuten lernen zu meditieren. Nach dieser Anleitung brauchen Sie nur eine Zeit regelmäßig zu üben.

Sollten Sie noch nie meditiert haben, werden Sie bereits nach dem Lesen der ersten Kapitel dazu fähig sein. Sind Sie erfahren in der Meditation, wird dieser Leitfaden jedes etwa noch vorhandene Mißverständnis klären, jede Ihrer Fragen beantworten und Ihre persönlichen Erfahrungen vertiefen.

Über den durch Meditation erzielten Gewinn wurde bereits vielfach berichtet. Die Methode wird seit Jahrtausenden gelehrt. In den letzten Jahren allerdings ist das Interesse einer breiten Öffentlichkeit gewachsen. Dieses Buch ist kein Versuch des Autors, den Leser von dem Wert der Meditation zu überzeugen. Statt dessen zeigt er jedem Menschen, der ernsthaft meditieren möchte, wie er dies richtig und wirkungsvoll tun kann.

Roy Eugene Davis schrieb dieses Buch in allgemein verständlicher Sprache. Der Inhalt wurde absichtlich kurz gefaßt, um dem Leser die Möglichkeit zu geben, innerhalb kurzer Zeit größten Gewinn zu erzielen. Achten Sie bitte auch auf die Worterklärungen im Anhang dieses Buches.

Der Autor lehrt seit 1952 Meditationsmethoden und die Grundlagen für spirituelle, mentale, emotionale und körperliche Gesundheit. Er begann 1949 seine spirituelle Schulung unter Paramahansa Yogananda und war später in Kontakt mit den großen Lehrern der Bewegung des «Neuen Denkens». Seit 1971 leitet er das «Center for Spiritual Awareness» in Lakemont/Georgia, USA.

Sein Bestreben ist es, die allen Religionen und Weisheitslehren zugrundeliegenden Wahrheiten aufzuzeigen und den Menschen auf ihrem Weg der Befreiung praktische anwendbare Methoden zu vermitteln. Seine universelle und undogmatische Einstellung findet Ausdruck in seinen zahlreichen, in mehrere Sprachen übersetzten Büchern, in seiner weltumspannenden Lehrtätigkeit sowie seiner Freundschaft und Zusammenarbeit mit spirituellen Lehrern unterschiedlicher Traditionen. Davis hält Vorträge und Seminare in Nord- und Südamerika, Japan und Europa in den verschiedensten Zentren und Lehreinrichtungen. Er ist Vorstandsmitglied der INTA, der «Internationalen Allianz des Neuen Denkens».

Rosemarie Schneider

Ich grüße den höchsten Lehrer, die Wahrheit, deren Wesen Freude ist, reine Weisheit, Spenderin höchster Glückseligkeit hinter allen Eigenschaften, unendlich wie der Himmel, hinter allen Worten, einzig und ewig, rein und ruhig, hinter allen Veränderungen und Formen, schweigende Zeugin unserer Gedanken und Gefühle, - ich grüße die Wahrheit, den höchsten Lehrer.

Vedischer Hymnus

1. Meditation und die positive Resonanz

Millionen Menschen meditieren heute regelmäßig, und es ist abzusehen, daß in Kürze weitere Millionen zu meditieren beginnen werden. Es muß also etwas dran sein - und das ist es tatsächlich -, denn niemand führt eine begonnene Übung weiter, wenn er dadurch nicht etwas Positives und Nützliches erreicht.

Wir meditieren nicht alle aus dem gleichen Grund. Und nicht alle Meditierenden wenden die gleiche Methode an. Einige meditieren für beinahe sofortigen Gewinn: innere Ruhe, völlige Entspannung, Befreiung von Streßsymptomen und wachsende Energie. Kürzlich erschienen medizinische Berichte über sorgfältig getestete Meditierende, die nachweisen, daß die meditative Erfahrung sehr verschieden ist von der des Schlafens, von dem gewöhnlichen Wachzustand oder von einem hypnotischen Trancezustand. Während korrekter Meditation deuten die Gedankenwellen auf bewußte Entspannung hin. Der Körper stellt weniger Kohlendioxyd her, verbraucht weniger Sauerstoff, und der Blutzuckerspiegel senkt sich. Das Gesamtbild ist tiefe Entspannung, frei von Streß. Meditierende berichten außerdem von einer Verbesserung ihres Gedächtnisses, von wachsendem Interesse am Leben, von einer Erweiterung ihres Bewußtseins sowie einer verbesserten Arbeitsleistung.

Einige Meditierende praktizieren eine Methode, die sie befähigt, sich innerer Vorgänge und äußerer Ereignisse bewußt zu werden, während sie entspannt, gedanklich klar und gefühlsmäßig ausgeglichen sind. Andere meditieren, um innere Bereiche des Gemüts und Bewußtseins zu erforschen. Einige Meditierende praktizieren verschiedene Methoden zu verschiedenen Zeiten zum Zweck der Selbstanalyse und zum besseren Verstehen aller Aspekte des Denkens und Bewußtseins.

Nun, was ist überhaupt Meditation? *Meditation ist das absichtliche Lenken der Aufmerksamkeit auf den klaren Aspekt des eigenen inneren Wesens.* Meditation, richtig praktiziert, ist kein Versuch, einen veränderten Bewußtseinszustand zu erfahren, «high» zu werden oder «auszuflippen». Meditation ist kein Versuch, Probleme zu lösen. Meditation ist ganz gewiß kein Ausweichen vor der Wirklichkeit und vor verantwortungsbewußtem Verhalten. Meditation ist das absichtliche Lenken unserer Aufmerksamkeit auf den klaren Aspekt unseres inneren Wesens, um bewußt in der Erfahrung des Seins zu ruhen.

Für einige ist es überraschend zu erkennen, daß sie bewußt und wach sein können - ohne den Versuch zu denken oder mit Vorstellungsbildern zu arbeiten und ohne Bezug zu äußeren Ursachen. Aber ich versichere, daß es möglich ist, wach und innerlich frei zu sein, und daß diese Erfahrung erfrischend natürlich ist. Wir brauchen den Vorgang nicht zu analysieren, wir brauchen ihn nur für eine kurze Zeit auszuprobieren. Das ist alles, was wir zu tun haben. Testen Sie den

Meditationsvorgang, testen Sie ihn im Laboratorium eigener Erfahrungen. Fürchten Sie sich zu meditieren? Das brauchen Sie nicht, denn der Vorgang ist natürlich, wenn er einmal erfahren wurde. Sind Sie verwirrt, weil Sie mit Falschinformationen überladen sind? Sind Sie irritiert, weil verschiedene Systeme gelehrt werden? Dieses Buch ermutigt Sie und leitet Sie klar und direkt zu der Erfahrung, die Sie aufgrund regelmäßiger und richtiger Meditationspraxis gewinnen werden.

Es werden viele wertvolle Meditationsmethoden gelehrt, aber manchmal machen wir den Fehler, daß wir versuchen, die Methoden in eine eigene Übungsfolge abzuwandeln, wodurch wir die Erfahrung des versprochenen Gewinns versäumen. Ich empfehle, daß Sie dieses Buch einmal ganz durchlesen, um einen Überblick über den Vorgang zu bekommen. Dann lesen Sie das folgende Kapitel und beginnen Sie, so einfach und leicht Sie können, die Meditation zu üben, um die Grundkenntnisse zu erwerben. Üben Sie dann mit den anderen, für bestimmte Zwecke empfohlenen Methoden entsprechend Ihrer eigenen Neigung weiter.

Wir brauchen unseren religiösen Glauben nicht zu ändern, um Erfolg mit der Meditationspraxis zu haben. Es gibt keine festen und bindenden Regeln für persönliches Verhalten mit Ausnahme jener, die ein natürliches Leben betreffen. Wir brauchen ganz gewiß nicht einen besonderen Lebensstil zur Schau zu tragen oder unsere private Meditationspraxis zu einem Gegenstand besonderer Verehrung zu machen. Meditation ist nicht neu, sie wird seit Jahrtausenden praktiziert; Meditation ist nichts Gefährliches, Sonderbares oder Unpraktisches. Richtige Ausübung der Meditation kann nur zu größtem persönlichen Gewinn führen und wird entscheidend zu gedanklicher, gefühlsmäßiger und körperlicher Gesundheit und zum allgemeinen Wohlbefinden beitragen.

So unbewegt wie eine Kerzenflamme an einem windstillen Ort, genau so ist der Gemütszustand eines Meditierenden.

2. Die Ausübung der Meditation

Nach dem Lesen dieses Kapitels werden Sie fähig sein, richtig und leicht zu meditieren. Folgen Sie den Anweisungen genau und üben Sie anschließend, um Erfahrungen zu machen. Der Rest des Buches wird wesentlich verständlicher, nachdem Sie diese Anleitungen befolgt haben.

Wählen Sie für die Meditation eine Zeit, in der Sie nicht übermüdet sind und die mindestens zwei Stunden nach einer Mahlzeit liegt. Suchen Sie sich einen ruhigen und bequemen Platz, so daß Sie während Ihrer Übung nicht gestört werden. Für die ersten Meditationssitzungen sind 20 Minuten ausreichend.

Lockern Sie alle engen Kleidungsstücke, so daß Sie völlig entspannt sitzen können. Setzen Sie sich gerade auf einen bequemen Stuhl, ruhig und ausgeglichen, den Kopf aufgerichtet und ohne Anstrengung. Die ideale Haltung ist die, in der wir für die Dauer der Meditation ohne unnötige Körperbewegung sitzen können.

Schließen Sie die Augen und seien Sie für einige Minuten ruhig. Beobachten Sie die natürlichen Vorgänge Ihres Körpers, während Sie ein- und ausatmen. Regulieren Sie nicht die Atemtätigkeit, beobachten Sie sie lediglich. Fühlen Sie beim Einatmen die Luft an den Nasenflügeln einströmen und beim Ausatmen die Luft an den Nasenflügeln ausströmen. Fühlen Sie, daß Sie sich mit der Ausatmung im Raum ausdehnen.

Das ist alles für den Anfang. Lassen Sie den Körper ganz natürlich ein- und ausatmen. Fühlen Sie lediglich das Ein- und Ausströmen der Luft an den Nasenflügeln und dehnen Sie sich im Raum aus. Stellen Sie sich Ihre Ausdehnung nicht bildlich vor, sondern setzen Sie nur voraus, daß es so geschieht. Üben Sie das für 20 Minuten. Sie brauchen nicht auf die Uhr zu sehen, um Ihre Meditation zeitlich festzusetzen. Wenn Sie voraussetzen, daß Sie 20 Minuten meditieren wollen, wird Ihre innere Uhr Sie wissen lassen, wann die Zeit vergangen ist.

Sollte Ihre Aufmerksamkeit wandern, während Sie üben, bringen Sie diese zu dem Vorgang zurück. Kämpfen Sie nicht gegen Gedanken und Gefühle an. Nichtanstrengung ist der Schlüssel zum Erfolg in der Meditation. Behutsame Aufmerksamkeit ist alles, was erforderlich ist.

Wenn Sie zum Ende Ihrer Meditation kommen, verweilen Sie einige Minuten ruhig und entspannt, halten Sie Ihre Augen geschlossen und fühlen Sie sich zufrieden und gelöst. Lassen Sie die Ruhe der Meditation langsam in Ihr Gemüt, in Ihr Nervensystem und in Ihren physischen Körper fließen. Fühlen Sie sich selbst vollkommen, in Harmonie mit Ihrer Umwelt und genau an Ihrem richtigen Platz im Weltganzen.

Wenn Sie tiefer in die Meditation gehen wollen, um sich vollkommen dem Vorgang hinzugeben, dann wenden Sie die vorherige Methode mit dieser Ergänzung an: Üben Sie gleichermaßen, hören Sie lediglich bei der Ausatmung innerlich auf den Laut eines bedeutungslosen Wortes. Nehmen Sie zum Beispiel das Wort *eins* und erinnern Sie sich während der Ausatmung, wie das Wort klingt, wenn es laut ausgesprochen wird. Dieses

Sich-Erinnern ist gedankliches Zuhören und stellt sicher, daß Sie völlig in dem Vorgang aufgehen.

Nach der Meditation gehen Sie einfach Ihrer gewohnten Beschäftigung nach. Analysieren Sie nicht den Vorgang oder die Erfahrung. Erstreben Sie keine Ergebnisse weder vor noch nach der Meditation. Üben Sie einfach nach einem regelmäßigen Plan, empfohlenerweise zweimal täglich mindestens sechs Wochen lang. Vergleichen Sie dann, wie Sie sich danach fühlen und wie Sie sich fühlten, bevor Sie mit der Praxis begannen.

Bei Anwendung dieser Methode wird die Konzentrationsfähigkeit wachsen. Unsere Definition von Konzentration ist *Lenken der Aufmerksamkeit auf einen einzigen Punkt*. Das erfordert weder Anstrengung noch Willenskraft. Wir müssen uns lediglich darin üben, unsere Aufmerksamkeit leicht und natürlich zu lenken.

Wir empfehlen eine regelmäßige Tageszeit für die Meditation, weil wir im Laufe des täglichen Geschehens, wenn die Zeit nahe rückt, unterbewußt beginnen, uns auf die Meditation einzustellen; und das wird die Übung erleichtern. Viele finden, daß die beste Zeit für Meditation früh am Morgen, kurz nach dem Aufstehen, und später am Abend vor dem Essen ist. Wir werden natürlich unsere Übungssitzungen so planen, daß die Familienmitglieder nicht gestört werden. Wir empfehlen die Meditation deshalb nicht nach den Mahlzeiten, weil der Körper nach dem Essen mit der Verdauung beschäftigt ist und wir während dieser Zeit nicht völlig entspannt sein können.

Erwarten Sie während der Meditation keine dramatischen mentalen Phänomene. Erwarten Sie überhaupt nichts. Üben Sie lediglich regelmäßig nach Ihrem Programm. Was immer sich entfaltet, wird Ihren persönlichen Bedürfnissen genau entsprechen.

Wenn Sie merken, daß Sie während der Meditation zum Einschlafen neigen oder daß Ihre Gedanken wandern, tun Sie folgendes: Meditieren Sie täglich wenigstens einmal mit offenen Augen. Starren Sie in den Raum und praktizieren Sie so die Übung. Wenn diese Fertigkeit einmal erlangt ist, wird die Meditation auch mit geschlossenen Augen leicht und natürlich sein.

Falls Sie während der Meditation auf dem Boden sitzen möchten und Sie das bequem finden, tun Sie es. Während der Meditation zu liegen ist nicht empfehlenswert, weil unser Gedächtnis diese Lage unwillkürlich mit Schlaf verbindet und wir daher sehr wahrscheinlich entweder einschlafen oder in einen Traumzustand geraten. Aufrecht zu sitzen hilft, völlige Wachheit und totale schöpferische Erfahrung zu sichern.

Wenn wir in dieser Weise meditieren, versuchen wir nicht, eine innere Wirkung zu verursachen, wir ruhen einfach als der bewußte Zeuge dieses Vorgangs. Nach einer bestimmten Zeit wird sich der Körper entspannen und das Gemüt klären. Wenn Gedanken kreisen und Gefühle aufsteigen, lassen Sie sie fließen und befassen Sie sich nicht mit ihnen. Mit der Zeit werden sich die Gedanken beruhigen, und die Gefühle werden abklingen.

Diese Methode ist für jedermann geeignet, auch für Menschen ohne religiöse Neigungen. Mit der Befreiung von Streß werden Sie eine allgemeine Verbesserung der Gesundheit, innere Ruhe und schöpferische geistige Fähigkeiten bemerken. Meditationsmethoden wurden im Osten entwickelt: die Kulturen sind dort älter. Doch die Methoden sind weder östlich noch westlich; es sind Methoden, die für jeden zweckdienlich sind, weil sie für Menschen entwickelt wurden. Menschen erscheinen zwar in verschiedenen Kleidungen und Hautfarben und mit verschiedenem kulturellen Hintergrund, aber die Gemüts- und Körpervorgänge sind bei allen die gleichen.

Sie sollten jetzt erst den empfohlenen Vorgang ausprobieren, bevor Sie sich dem nächsten Kapitel zuwenden.

Laßt uns über das strahlendste Licht höchsten Ursprungs meditieren - möge es uns erleuchten.

3. Hilfreiche Methoden für persönlichen Gewinn

Das vorhergehende Kapitel zeigt die leicht ausführbare Meditationsmethode für tiefe Entspannung und Klärung des Gemüts. Wenn Sie die Meditation vertiefen möchten, werden die folgenden Vorschläge hilfreich sein.

Die Nützlichkeit einer täglichen Gewohnheit

Halten Sie Ihr tägliches Meditationsprogramm für genauso wichtig wie Essen und Körpertraining, und halten Sie den regelmäßigen Übungsplan ein. Einige Menschen bevorzugen einen festen Platz für die Meditationsübung, weil die Gedankenassoziation früherer erfolgreicher Meditationen an diesem Ort das Gemüt inspirieren wird. Wenn jemand vorzieht, am Morgen zu meditieren, ist die Zeit kurz nach dem Erwachen, nach dem Duschen und einigen leichten Körperübungen sehr geeignet. Planen Sie einen Meditationsablauf und behalten Sie ihn bei, ändern Sie ihn nicht Tag für Tag.

Übungsmethoden zur Wahl

Wenn Sie Anfänger sind, dann wenden Sie die im vorherigen Kapitel empfohlenen Methoden an, bis Sie eine

Grundfertigkeit in der Meditation entwickelt haben. Sollten Sie sich geneigt fühlen, andere Methoden mit einzubeziehen, wenden Sie eine der folgenden an:

1. *Mantra* - Ein Mantra ist ein Laut, der aufgrund seiner Wirkung auf den Körper und das Gemüt angewandt wird. Mantras sind bereits erforscht worden, somit brauchen wir keine Versuche anzustellen, ein eigenes Mantra zu schaffen. Vor Tausenden von Jahren haben indische Seher die Wirkung des Lautes auf das Gemüt und die Umgebung erforscht. Die gebräuchliche Sprache war Sanskrit. Wir müssen jedoch deswegen nicht Sanskrit erlernen.

Wem ein Mantra während einer persönlichen Einweisung gegeben wurde, sollte es für sich behalten und nicht darüber sprechen. Es gibt zwei Gründe für diese Empfehlung. Erstens: Ein Mantra ist während der Meditation als eine persönliche Übung anzuwenden, und wir sollten persönliche Meditationserfahrungen nicht mit jedem besprechen, außer mit dem Lehrer oder einem Vertrauten. Meditationserfahrungen zu diskutieren verwässert das, was intim bleiben sollte. Zweitens: Wenn jemandem bei einer Einweisung ein Mantra gegeben wird, heißt es, sei das Mantra zum Zeitpunkt der Anleitung von einer bestimmten Energiequalität durchdrungen, und diese Energie wird über das Mantra und während der Meditation in tiefere Schichten des Gedächtnisses getragen. Meine Beobachtung ist, daß der Rat, die Meditationserlebnisse geheimzuhalten, sinnvoll und berechtigt ist. Diese Geheimhaltung schließt nicht die Meditationsmethode ein, da alle, die eine qualifizierte Anleitung suchen, willkommen sind. Der Weg steht allen Menschen offen.

Ein traditionelles Mantra ist *So-Ham.* Es wird als ein sehr stark wirkendes Mantra angesehen. Es ist angenehm für das Gemüt und leicht zu üben. Sie nehmen einfach Ihre Meditationshaltung ein und richten Ihre Aufmerksamkeit nach innen, beobachten den natürlichen Atemzyklus und hören beim Einatmen auf den Laut *So*, beim Ausatmen auf den Laut *Ham. So* während des Einatmens und *Ham* während des Ausatmens. Beachten Sie, daß das Mantra nicht in Gedanken aufgesagt wird, sondern daß Sie innerlich auf den Laut hören. Die Erfahrung kann vertieft werden, wenn Sie die Aufmerksamkeit auf die Stelle zwischen den Augenbrauen richten. Nicht die Augen anstrengen, einfach «da sein» an dieser Stelle und diese Mantra-Meditation üben.

Achten Sie auf das Mantra während des gesamten Meditationsvorgangs. Mit der Zeit werden Sie sicher das Mantra hinter sich lassen und die Meditation als einen spontanen Vorgang erleben. Wenn Sie merken, daß der Ablauf von selbst geschieht, dann üben Sie nicht mehr mit dem Mantra. Ein Mantra dient dazu, die Aufmerksamkeit über die Gedankentätigkeit hinaus zu bringen, und sobald dies erfahren wird, ist der Zweck des Mantras erfüllt. Wenn Sie ein Mantra anstelle des vorher erwähnten bedeutungslosen Wortes anwenden möchten, dann tun Sie dies auf alle Fälle.

Ein anderes zweisilbiges Mantra ist *Ham-Sa.* Es wird in der gleichen Weise wie das vorhergehende angewandt. Ein Anhaltspunkt, ob ein Mantra für Sie geeignet ist, ist einfach der, ob Sie sich damit wohl fühlen oder nicht.

Mantras werden oft gemäß dem Alter der anzuleitenden Person gegeben. Das ist eine Methode. Oft gibt sie der Lehrer aufgrund innerer Führung. Einige Lehrer geben jedem, den sie schulen, das gleiche Mantra, und das ist ebenso richtig, weil die persönliche Anleitung stets dem einzelnen angepaßt sein wird.

Reine Mantras haben keine intellektuelle Bedeutung: Es sind Laute, die wegen ihrer klärenden Wirkung auf das Gemüt gewählt werden. Einige Mantras haben auch eine mentale Bedeutung, wobei die Kontemplation über diese Bedeutung parallel zu der Laut-Wirkung auf den Organismus läuft.

Regelmäßiges Üben mit der Mantra-Meditation wird mit der Zeit bewirken, daß aus den tieferen Bereichen des Körpers psychischer Streß abgeleitet wird. Dies führt zu völliger Entspannung und befreit das angeborene Potential. Viele Menschen sind überbeansprucht (sie wissen das noch nicht einmal), und ihre schöpferischen Fähigkeiten sind unterdrückt. Meditation kann völlige Beruhigung, die Befreiung von angestauter Spannung und von schmerzverbundenen traumatischen Erinnerungen zur Folge haben.

2. *Meditation über den kosmischen Ton* - Das ist die direkteste Annäherung an die Laut-Anwendung während der Meditation. Es wird gelehrt, daß man tatsächlich den inneren Laut der Seelenenergie hören kann, wenn sie aus den höheren Bereichen des Gehirns in den Körper fließt. Viele Menschen hören, wenn sie sich entspannen und sich nach innen wenden, verschiedene feine Töne, ähnlich wie Zirpen und musikalische Klänge. Man sagt, die verschiedenen Laute seien Körperelektrizitäten und der reine Ton sei

der kosmische Urton, von dem sie ausgehen. Wenn man ruhig dasitzt und in die höheren Bereiche des Gehirns hineinhorcht, wird man schließlich einen feinen Glockenklang wahrnehmen, der beständig zu hören ist und lauter wird. Sie können die gesamte Aufmerksamkeit auf diesen Ton richten und behutsam versuchen, zu dem Ursprung des Tones zu kommen. Dies führt zur Überschreitung des Gemüts und zu einer tiefen inneren Meditationserfahrung. In einigen Meditationstraditionen ist das die einzige Methode, die allen nach Anleitung Suchenden gelehrt wird.

Man muß in dem Ton verweilen und wach und aufmerksam bleiben. Einige werden dann ein helles Licht im Kopf «sehen», während sie in diesem kosmischen Ton meditieren. Wenn dieses Licht erscheint, dann verschmelzen Sie mit beidem, dem Ton und dem Licht, während Sie bewußtes Gewahrsein beibehalten. Passen Sie aber auf, daß Sie nicht einschlafen oder in einen dumpfen Beinahe-Schlafzustand eintauchen.

3. *Übung mit einem Satz* - Einige bedienen sich lieber eines Wortes oder einer Aussage als eines Mantras, wenigstens am Anfang. Auch das ist eine mögliche Methode. Setzen Sie sich ruhig hin und wählen Sie einen Satz mit persönlicher Bedeutung wie «reines Bewußtsein bin ich». Wissen Sie innerlich, während Sie einatmen: «reines Bewußtsein», und wissen Sie, während Sie ausatmen: «bin ich». Kontemplieren Sie ruhig über diese Aussage, wie sie sich innerlich anhört und anfühlt. Wir sollten uns nicht gewaltsam anstrengen, den unterbewußten Bereich des Gemüts zu beeinflussen, weil wir uns nicht auf Autosuggestion einlassen wollen. Wir wenden diesen Satz nur als ein Ideal

an, das betrachtet und erfahren werden soll. In diesem Satz wird die Wahrheit unseres Seins ausgedrückt: *Wir sind reines Bewußtsein, durch Gemüt und Körper wirkend.* Wenn wir uns über diese Tatsache klar werden, dann wissen wir sie bewußt. Wir werden dann fähig, das Gemüt schöpferisch und mit Verständnis zu nutzen.

Meditation ist keine Autosuggestion. Das heißt, wir sind nicht daran interessiert, das Gemüt zu konditionieren. Wir sind bestrebt, uns von begrenzenden Gemütszuständen zu befreien. Verwechseln Sie Meditation nicht mit Autosuggestion, Selbsthypnose oder mit irgendwelchen anderen Gedankenspielen. Es gibt Gelegenheiten, in denen wir absichtlich Methoden bildhafter Vorstellung anwenden, aber immer nur, um das Gemüt umzuerziehen und nicht, um es weiter zu konditionieren. Wir werden diese Methoden bildhafter Vorstellung später noch in diesem Buch besprechen.

4. *Gebet* - Ängstigen Sie sich nicht vor Gebeten. Wie schon erwähnt, meditieren viele Menschen auch ohne persönliche religiöse Neigungen, und sie erreichen ebenso Entspannung, wie sie verbesserte Funktion auf allen Ebenen erfahren. Viele aber, die dies lesen, werden dadurch zu einer mehr auf Gott gerichteten Lebenserfahrung gelangen, und Gebete werden dann für sie von großer Wichtigkeit sein. Es ist meine Beobachtung, daß sich früher oder später alle Menschen in einer persönlichen und intimen Beziehung mit Gott verbinden. Am Anfang haben viele keine klare Wahrnehmung, was Gott ist und wie ihre Beziehung zu Gott wirklich sein kann. Wir müssen nur wissen, daß es eine Intelligenz gibt, die die universale Ordnung lenkt. Ein

Weiser sagte: «Beobachte Deine eigenen Gedanken mehrere Tage lang und sieh selbst, ob Du nicht merkst, daß Gott existiert.» Gebete sind eine von Herz zu Herz gesprochene oder gedachte Unterhaltung mit Gott, was immer *Gott* für uns bedeutet. Wenn wir uns «ausgesprochen» haben, ist das Gemüt geklärt, und die Meditation geht von selbst vonstatten. Um uns in die Meditation zu beten, beginnen wir mit dem, was uns gerade bewegt, und beten «ohne Unterlaß», bis die Gebete von selbst aufhören und klares Gewahrwerden erfahren wird. Mit der Gebetseinleitung der Meditation, ebenso wie mit anderen Einleitungen, sollten jedoch keinerlei persönliche Erwartungen bezüglich irgendwelcher Offenbarungen verknüpft werden. Lassen Sie uns einfach inständig beten und dann im Schweigen ruhen, um zu sehen, welche Erfahrung die göttliche Ordnung für uns bestimmt. Die sich im allgemeinen daraus ergebende Erfahrung ist: eine harmonische Lebensgestaltung, die Wahrnehmung innerer Führung sowie persönliche Zielgerichtetheit zu jeder Zeit.

Ein natürlicher Meditationsablauf

Hier nun ein zweckdienlicher Ablauf der Meditation, der ganz natürlich ist und zu völligem Wohlbefinden führt. Üben Sie regelmäßig und konsequent nach einem einmal festgelegten Ablauf. Vermeiden Sie jedoch jedes Anzeichen von Anstrengung oder mühsamen Ringens. Fürchten Sie nichts. Vermeiden Sie Komplikationen. Seien Sie innerlich zufrieden und immer glücklich. Üben Sie niemals mit der Erwartung dramatischer Ergebnisse, meditieren Sie lediglich zur Entspannung, für innere Ruhe, für innere Führung und für eine nähere Vertrautheit mit dem Leben. Betrachten Sie das, was sich ereignet, als angebracht für Ihr gegenwärtiges Bedürfnis, auch wenn Sie nicht wissen, was Sie im Moment persönlich brauchen. Seien Sie heiter und immer glücklich. Es gibt eine innere Intelligenz, die weiß, was für jeden von uns das Beste ist. Wenn wir lernen, uns dieser Intelligenz zu öffnen, können wir sicher sein, vollkommene persönliche Erfüllung zu erleben. Hier ein bewährter Meditationsablauf.

1. *Vorbereitung* - Seien Sie zur festgesetzten Zeit entspannt und bereiten Sie sich auf die Meditation mit ruhigem Optimismus vor. Freuen Sie sich mit gelassener Erwartung auf die Gelegenheit, bewußt im Gewahrwerden stillen Friedens und innerer Belebung zu ruhen.

2. *Durchführung* - Meditieren Sie auf jene Weise, die Sie als richtig empfinden entsprechend Ihrer Neigung und Ihren persönlichen Bedürfnissen. Schaffen Sie sich Routine in der Meditationspraxis und wählen Sie die Methoden, die Sie für sich am geeignetsten halten. Oder sitzen Sie einfach ruhig da im «Warten auf den Herrn» und lassen Sie geschehen, was geschehen will. Seien Sie stets wach und bewußt in dem, was Sie erfahren, und beobachten Sie, was Sie erfahren.

3. *Vor dem Aufhören* - Ruhen Sie einige Minuten nach der Meditation, um die Erfahrung in Ihr Gemüt, in Ihr Nervensystem und in Ihren Körper eindringen zu lassen. Tränken Sie Ihr ganzes Sein mit dieser Ruhe und

diesem Frieden. Wenn Sie Ziele setzen, Probleme lösen oder Gedanken und Gefühle klären wollen, dann tun Sie dies nach der Meditation, während Sie sich in diesem ruhigen Zwischenstadium befinden.

4. *Herausgehen aus der Meditation* - Öffnen Sie Ihre Augen, nehmen Sie Ihre Umgebung in sich auf und fühlen Sie sich mit sich selbst und Ihrer Umwelt in Harmonie. Beginnen Sie dann Ihre übliche Tätigkeit, tun Sie das Beste nach Ihrem Vermögen und handeln Sie in jeder Beziehung vernünftig.

Die Meditation ist die Zeit, in der wir bewußt frei sind von irgendwelchen Betrachtungen über Probleme, Ziele oder Beziehungen. Nach der Meditation ist dann die Zeit, Probleme zu lösen, Ziele zu setzen und sich über Beziehungen klar zu werden. Hier sind einige Vorschläge dazu:

1. *Gesundheit* - Ruhen Sie nach der Meditation in der Stille und seien Sie sich dessen bewußt, daß es eine innere Intelligenz gibt, die weiß, wie der Körper heilt und in vollkommenem Gleichgewicht bleibt. Wenn Sie Heilung brauchen, lassen Sie Ihre Aufmerksamkeit in den Bereich Ihres Körpers fließen, in dem das Problem existiert. Fühlen Sie, stellen Sie sich bildlich vor, daß sich der Zustand bereinigt und daß Sie vollkommen gesund sind. Beenden Sie diese Übung in dankbarer Haltung.

Das Bewußtsein ist Herr über das Gemüt, und das Gemüt Herr über den Körper - Heilung beginnt in unserem Bewußtsein und durchdringt Gemüt und Körper. (Achten Sie hinsichtlich Ihrer Gesundheit auch auf richtige Ernährung, ausreichende Bewegung und genügend Ruhe.)

2. *Zielsetzung* - Ruhen Sie nach der Meditation in der Stille und fühlen Sie innerlich «Ich bin jetzt erfüllt und in Harmonie mit dem Leben.» Aktivieren Sie Ihre Vorstellungskraft und träumen Sie von Möglichkeiten für Ihr Leben. Welches sinnvolle Ziel Sie auch immer haben, stellen Sie sich lebhaft vor, wie Sie es bereits erreicht haben, und fühlen Sie, so realistisch wie möglich, daß das wahr ist. Schreiben Sie anschließend Ihre Ziele nieder, und überlegen Sie sich brauchbare Methoden, um Ihre Ziele am wirksamsten zu erreichen.

3. *Klärung von Beziehungen* - Ruhen Sie nach der Meditation und seien Sie absolut ehrlich mit sich selbst. Erkennen Sie, was Sie tun müssen, um Ihre mitmenschlichen Beziehungen zu klären. Führen Sie dies dann mit innerer Führung durch.

4. *Schulung der Gedanken* - Wenn Sie bisher meist negativ gedacht haben, dann schulen Sie Ihre Gedanken nach der Meditation. Ruhen Sie in der Stille und erinnern Sie sich: «Ich bin ein freies Wesen und habe vollkommene Kontrolle über meine Einstellung und meine Gedanken. Ich nehme mich selbst an, ich erkenne andere an und ich akzeptiere das Leben. Ich bin positiv, heiter, freundlich und habe Vertrauen zum Leben in allen Bereichen.»

Wenn wir fähig sind, uns selbst anzunehmen, dann sind wir auch fähig, Gesundheit, reife Beziehungen, Wohlergehen und Erfolg im Leben anzunehmen.

Methode und Formeln sind lediglich Hilfsmittel, die wir einsetzen, um unsere Einstellungen zu berichtigen, mit deren Hilfe wir uns von gedanklichen und gefühlsmäßigen Einschränkungen befreien. Der dynamischste Impuls in unserem Leben ist unser Gewahrwerden darüber, wer wir als spirituelle Wesen sind. Aus diesem Gewahrsein fließen ein positives Selbstwertgefühl und die Bereitschaft, Verantwortung für unser Leben zu übernehmen.

Meditation ist der einfache Weg, die Aufmerksamkeit auf die Quelle aller Energie und Schöpferkraft zu richten, die sich im Zentrum unseres inneren Seins befindet.

4. Was während der Meditation geschieht

Erinnern wir uns, daß wir im innersten Kern bereits strahlend und vollkommen sind. Meditation gibt uns Gelegenheit, eine ideale Umgebung zu schaffen, in der das Gemüt geklärt und unsere angeborene Vollkommenheit enthüllt wird. Es gibt Zustände in der Meditation, die wir häufig durchlaufen, und es ist gut, über einige mögliche Erfahrungen informiert zu sein, um nicht verwirrt oder abgelenkt zu werden. Wir haben Haltung und Methoden erklärt, lassen Sie uns jetzt innere Vorgänge näher betrachten.

Wenn Sie die «Atmungsmethode» anwenden und sich dabei Ihrer selbst bewußt bleiben, werden Sie mit der Zeit feststellen, daß sich der Körper entspannt und das Gemüt sich klärt, während Sie der bewußte Beobachter dessen bleiben, worüber Sie wachen: Gedanken, Gefühle, Geschehnisse. Sie sind jedoch nicht darin verwickelt, sie beobachten nur.

Wenn Sie ein Mantra anwenden, mit innerer Ton- oder Lichtwahrnehmung üben, werden Sie sich aus der Sinneswahrnehmung zurückziehen. Ihre Aufmerksamkeit wird auf die Quelle des Lebens in Ihnen zurückfließen. Sie sind sich dann nicht mehr Ihrer äußeren Umgebung und nur schwach Ihres Körpers bewußt. Dieser Vorgang bietet die Gelegenheit, die inneren Bewußtseinszustände zu erforschen.

Dann werden Sie innerlich wach und meditieren ohne Anstrengung mit völliger Klarheit. Meditation ist jetzt leicht und natürlich. Sie fühlen sich innerlich wohl und gefestigt. In diesem Stadium ist der Drang, die Umwelt durch die Sinne wahrzunehmen, neutralisiert, und Sie erleben Frieden mit sich selbst. Diese Erfahrung innerer Zufriedenheit befähigt den Meditierenden, sein Leben zu verantworten und eigene Entscheidungen darüber zu treffen, was er tun will und was nicht. Wer richtig meditiert, kann Zwänge und schädliche Gewohnheiten leicht neutralisieren.

Durch geregelte und ständig geübte Meditation wird auch die Konzentration leicht. Wir lassen unsere Aufmerksamkeit zum Brennpunkt unserer Meditation fließen: zum Mantra, zum Ton, zum inneren Licht oder zu dem klaren Zustand des Seins. In diesem Stadium ist die Meditation vollkommen.

Während wir uns dem Meditationsvorgang hingeben, bewegt sich unsere Aufmerksamkeit durch die Gemütsebenen zum klaren Zustand des Gemüts, und schließlich werden wir sogar von allen Identifikationen des Gemüts frei und ruhen in der Erfahrung reinen Gewahrseins. Nachdem wir eine Weile in dieser Erfahrung geruht haben, fließt unsere Aufmerksamkeit natürlicherweise zu der Identifikation mit den Gedanken und Gefühlen, mit dem Körper und der Umgebung zurück. Das ist der Ablauf der Erfahrung: Einwärtsfließen, reines Gewahrsein, Auswärtsfließen.

Verstehen des menschlichen Gemüts

Das menschliche Gemüt, so lehren Meditationslehrer, besteht aus einer feinen Substanz, in der Eindrücke aufbewahrt sind. Diese Eindrücke sind als Erinnerung bekannt. Erinnerung, so wird gelehrt, ist das größte Hindernis für den Erfolg der Meditationsübung. In den ersten Stadien der Meditationserfahrung entdecken wir, daß wir in Gedanken bei vergangenen Ereignissen verweilen. Manchmal nehmen wir Gedanken wahr, die gerade durch unser Gemüt huschen, beinahe so, als hätte unsere Denksubstanz ein eigenes Gemüt.

Manchmal sind die Gedanken von Bildern oder von Szenen traumähnlicher Geschehnisse überflutet. Der einfachste Weg durch den gedanklichen Irrgarten ist, die Aufmerksamkeit auf das Objekt unserer Konzentration zu richten: Mantra, Ton, Licht oder das Ideal reinen Gewahrseins. Während die Aufmerksamkeit zu unserem Konzentrationspunkt fließt, wird das Gedankenfeld mehr und mehr klar. Wenn wir die Gedanken nicht weiter beachten, stören sie nicht länger unsere Konzentration.

Das denkende Gemüt ist unser schöpferisches Instrument, und wir können lernen, es klug und richtig einzusetzen. Wir machen während der Meditation keinen Versuch, Gedanken zu unterdrücken oder das Gemüt zu reinigen. Wir fließen einfach durch das Gemüt zu der Erfahrung reinen Gewahrseins.

Halten Sie Visionen (Gedankenbilder) nicht für den Beweis spirituellen Fortschritts. Wenn das Gemüt rein ist, werden Visionen nicht auftreten. Wenn wir richtig meditieren, ist nach Jahren der mentale Widerstand gelöscht, und wir werden uns der unbegrenzten Reichweite unseres Gemüts bewußt. Gedankentore sind geöffnet, lang vergessene Erinnerungen tauchen auf, verdrängtes Leid löst sich auf, und wir werden so fähig, schöpferisch zu handeln ohne jede Begrenzung.

Wie handhaben wir das Unerwartete ?

Sogar erfahrene Meditierende erleben manchmal eine größere Flut von Vorstellungsbildern und leichte Sinnestäuschungen, wenn sie zu lange und zu häufig meditieren. Es geschieht dann folgendes: Die Barrieren zwischen dem unterbewußten und dem bewußten Bereich des Gemüts werden geöffnet, und Erinnerungen überfluten das Bewußtsein mit großem Druck, manchmal Verwirrung und Fehlorientierung verursachend. Das kann auch eintreten, wenn jemand überlastet oder besonders müde ist. Diese dramatische Freilegung angesammelter mental-emotionaler Erfahrungen kann heilsam sein, wenn man einigermaßen objektiv bleibt und fähig ist, sie richtig zu handhaben. Falls uns solche mental-emotionalen Vorgänge zu überwältigen drohen, empfehlen wir die Meditation in ausgeruhtem Zustand und außerdem nur in kürzeren Sitzungen. Die meisten von uns haben angestaute Erinnerungen über viele Jahrzehnte, und wir tun daher gut daran, einige Zeit für allmähliche innere Reinigung und Umwandlung aufzubringen. Halten Sie außerdem Ihr Leben in ausgeglichenem Zustand, indem Sie mit Ihrer Umwelt realistisch verbunden bleiben und sich nicht übermäßig mit inneren Vorgängen beschäftigen.

Einige Menschen erleben leichte Körperbewegungen, wenn sie entspannt sind. Sie wiegen sich leicht, oder der Kopf bewegt sich wie von selbst. Gewöhnlich können wir mit einer ruhigen und tiefen Einatmung und mit einem Seufzer entspannen, um diese Neigung zur Bewegung während der Meditation einzudämmen. Einige Menschen haben einen leichten Druck zwischen den Augenbrauen oder im Kopf, nachdem sie eine Zeitlang meditierten. Wenn wir während der Meditation unsere Augen nicht anstrengen und trotzdem dieser leichte Druck bleibt, können wir ihn als Zeichen innerer Veränderung ansehen und wissen, daß er mit der Zeit vergeht.

Man kann auch während der Meditation einen leichteren oder stärkeren Energiedurchfluß in der Wirbelsäule spüren. Wenn dies eintreten sollte, bleiben Sie entspannt und beobachten Sie, was geschieht. Es gibt nichts zu fürchten. Wir besitzen ein inneres Führungssystem, das diese Vorgänge regelt.

Bald nach dem Erlernen der Meditation ist es nicht ungewöhnlich, einen dramatischen Stimmungswechsel zu erleben. Das ist ein Teil des inneren Wandlungsprozesses und ist der Tatsache zuzuschreiben, daß Streß vom Organismus gelöst wurde, was eine neue Lebensweise, eine Änderung der Einstellung und der Gefühle, ja sogar der Ziele und Beziehungen hervorruft. Wir können keine innere Umwandlung erwarten ohne einige entsprechende äußere Veränderungen.

Selbstdisziplin, Studium, Meditation und Hingabe allen Tuns an das Leben ist der Weg zu persönlicher Freiheit.

5. Vorschläge für ein ausgeglichenes Leben

Wir haben gesagt, daß Meditation sicher von nahezu jedem bewußten Menschen geübt werden kann und daß regelmäßiges Üben innere Wandlungen verursachen wird. Ich konnte Hunderte von Beispielen verbesserter Gesundheit, glücklicher Beziehungen und größerer Arbeitsleistung unter Meditierenden miterleben. Es gibt auch praktische Dinge, auf die wir unsere Aufmerksamkeit richten sollten, wenn wir unsere schöpferischen Fähigkeiten frei und harmonisch entfalten möchten. Die folgenden Richtlinien sind universell anwendbar und für alle Menschen geeignet.

Freundliche Beziehungen zum Universum

Unsere Welt und alles in ihr ist Ausdruck des einen Lebens. Es existiert eine wohlwollende Intelligenz, die das Universum lenkt, und wir können lernen, mit ihr zusammenzuwirken. Hingabe an das Leben und die Fähigkeit, mit der Natur zusammenzuarbeiten, führen zu Glück und innerer Ruhe. Wie ist unsere Einstellung anderen gegenüber? Respektieren wir alle Menschen und sind wir willens, mit allen harmonisch auszukommen? Oder fürchten wir andere oder mißtrauen wir ihren Motiven? Nutzen wir andere für unsere Zwecke aus, oder arbeiten wir mit ihnen zusammen, denken wir an ihr Wohlergehen genauso wie an das unsrige? Weise lehren, daß für jeden, der das Leben respektiert und dem Leben vertraut, das Leben seinerseits für ihn sorgt und ihn erhält. Lassen Sie uns lernen, ohne Groll, Furcht, Ärger oder Vorurteil zu leben. Lassen Sie uns liebevoll, mutig und verständnisvoll sein.

Völlig klar, wahrhaftig und ehrlich sein

Sind unsere Gedanken, Gefühle und Handlungen in Harmonie? Wenn wir versuchen, positiv zu denken und aufzutreten, uns aber innerlich unsicher fühlen, dann sind wir nicht ehrlich mit uns selbst. Das Ideal ist, verständnisvoll zu sein, klar zu denken, sich völlig mitzuteilen und auf allen Ebenen offen und bewußt zu sein. Wenn Gedanken, Gefühle und Handlungen im Einklang sind, dann können wir unsere höchste Leistungsfähigkeit entfalten. Dann sagen wir von einem Menschen, daß er selbstverwirklicht sei.

Die Freiheit, mit den Dingen der Welt umzugehen

Es ist erstaunlich, daß viele Menschen dem Mißverständnis unterliegen, geistig frei zu sein bedeute, wenig oder gar nichts mit der Welt zu tun zu haben. Wahr ist vielmehr, daß sowohl Verhaftung an Dinge als auch Abneigung gegen Dinge Fesseln bedeuten. Das Ideal ist die Fähigkeit, mit uns selbst in Zeit und Raum leicht und frei umzugehen und klugen Gebrauch zu machen von allem, was für unser Glück und Wohlergehen nötig ist. Erfolgreich zu sein heißt: «sich zu entwickeln, zu wachsen und zu gedeihen». Sind wir erfolgreich? Können wir mit Geld, Hilfsmitteln und Besitz leicht umgehen? Machen wir von materiellen Dingen vernünftig Gebrauch? Freiheit wird zuerst im Bewußtsein verwirklicht, danach im denkenden und fühlenden Gemüt und dann im Handeln.

Vernünftiger Gebrauch von Zeit und Energie

Ist unser Leben gut geordnet? Wissen wir, wie wir Ziele zu setzen und Handlungsabläufe zu planen haben, um dann rasch und wirkungsvoll zu handeln? Oder verschwenden wir Energie, indem wir verspannt bleiben, zuviel reden oder Zeit ohne Sinn und Zweck vergeuden? Ruhen wir ausreichend, bewegen wir uns genügend und vermeiden wir Energie aufzehrende Tätigkeiten? Es liegt an uns, wie wir unser Leben leben, und es liegt an uns, darüber zu entscheiden. Was machen wir aus unserem Leben?

Leben wir wirklich bewußt?

Leben wir völlig bewußt? Sind wir wirklich und wahrhaftig wach? Oder leben wir unser Leben nur teilweise bewußt und meistens mechanisch? Viele, die ganz praktisch zu sein scheinen, verbringen ihr Leben fast wie ein Roboter, beinahe völlig voraussagbar, von Gewohnheiten und unbewußten Bedingungen gelenkt.

Überdenken Sie Ihr Leben. Überprüfen Sie Ihre gewohnheitsmäßigen Denkmuster, Ihre gewohnheitsmäßigen Gefühlsreaktionen auf Situationen, Ihre tägliche Routine. Wie unbewußt leben Sie? Der Beobachter zu sein (von sich selbst und von dem, was um uns herum geschieht) ist eine hilfreiche Übungsmethode und wird zu einer bewußteren Erfahrung beitragen. Wie ist unsere Einstellung zu unserem Platz im großen Ganzen des Lebens? Leben wir gerade so dahin, lediglich auf unser Grab zu, oder akzeptieren wir das Leben als eine erfreuliche Möglichkeit? Manchmal denken wir in Begriffen des ewigen Lebens - irgendwo und irgendwie -, aber wir haben nicht den Mut, hier und jetzt aus dem Vollen zu leben. Mit «aus dem Vollen leben» meine ich nicht, daß wir versuchen sollten, alles auf einmal auszuschöpfen, sondern lediglich, daß wir bewußt und wach sind.

Es ist gut für uns, diszipliniert zu sein und klug zu wählen. Diese «Beachtung der Einzelheiten» wird ungewollte unterbewußte Modelle sehr wirkungsvoll neutralisieren. Das Leben ist für einen erwachten Menschen nicht wirklich schwierig. Wir wissen, was wir zu tun und was wir zu lassen haben. Ich spreche nicht von «richtig» oder «falsch». Ich weise auf das hin, was am sinnvollsten, am besten und am natürlichsten für innere Ruhe und vollkommenes Wohlbefinden ist.

Wie man jederzeit Gelassenheit bewahrt

Es gibt einen einfachen Weg, immer gelassen und in sich selbst zufrieden zu sein. Hier ist das Geheimnis:

Bleibe in Deinem Innern immer Deiner selbst als ein unsterbliches Wesen bewußt. Es ist nicht nötig, mit den Gedanken zu ringen, um diese Auffassung akzeptieren zu können. Was wir innerlich anerkennen, wird unsere Gedanken und Gefühle bestimmen. Seien Sie sich immer bewußt: «Ich bin ein helles, strahlendes Wesen, und ich bin auf allen Ebenen mit dem Leben in Harmonie.»

Die Natur des Lebens bewußt erforschen

Alle Menschen stellen sich irgendwann einmal in ihrem Leben grundlegende Fragen. Wer bin ich? Was ist Gott? Was ist das Leben überhaupt? Über solche Fragen mit der inneren Erwartungshaltung nachzusinnen, daß man fähig ist, die Antworten zu erkennen, das ist wahre Kontemplation. Kontemplation unterscheidet sich von Meditation. Meditation bedeutet, einige Aspekte des Lebens oder der Natur zu erforschen mit dem Vorsatz, zu erkennen. Wenn wir Kontemplation üben, erwacht mit der Zeit die Einsicht. Wir können anderen nicht immer erklären, wie und warum wir wissen können, aber wir wissen. Unterstützung für unser eigenes Wissen können wir in Heiligen Schriften finden und von denjenigen erhalten, die Erleuchtung erfahren haben. Auch wenn unser Erkennen Stärkung braucht, können wir unsere innersten intuitiven Gefühle untersuchen: Wir können uns fragen, ob das, was wir scheinbar wissen, wirklich wahr ist. Ich weise hier auf unser «innerstes Selbst» hin und nicht auf die Ebene des menschlich bedingten Gemüts, das sich in wunderlichen Einfällen und Phantasien freien Lauf lassen möchte.

Erlauben Sie sich täglich eine kurze Zeit, um in Ruhe die von Ihnen bevorzugten Schriften und einige inspirierende Bücher zu lesen. Genau wie die Meditation vermittelt dieses Lesen die beste Erfahrung, wenn man langsam und behutsam herangeht. Alsbald wird sich das Gemüt öffnen, und die Einsicht wird in dem Maße erwachen, in dem Sie die Botschaft in Ihrem Seelenbewußtsein aufnehmen.

Durch die Sehnsucht, die Wahrheit zu erkennen, durch die Übung, das Unterscheidungsvermögen zu schärfen, und durch den Gebrauch der Intuition können alle Fragen zu unserer vollen Zufriedenheit beantwortet werden.

6. Antworten auf häufig gestellte Fragen

Es ist ganz natürlich, daß Fragen auftreten, sobald Erfahrungen gemacht werden und wir unser Selbst, unsere Gedanken und die Welt, in der wir leben, erforschen. Die folgenden Fragen tauchen regelmäßig auf. Ich hoffe, daß Ihnen die Antworten innere Ruhe geben und Sie zu völliger persönlicher Erfüllung und zu klarem Erkennen führen.

Wo hat die Meditation ihren Ursprung?

Offensichtlich entwickelte sich die Meditation ganz natürlich dann, wenn Menschen sich entspannten und die Antwort auf die Grundfrage suchten: «Wer bin ich, und wie ist mein Verständnis zum Leben?» Viele Menschen haben, nachdem sie in die Meditation eingeführt wurden, zu ihrer angenehmen Überraschung entdeckt, daß sie schon vorher über Jahre einen ähnlichen Vorgang erlebt hatten. Einige Formen des Gebets, der Meditation und Kontemplation sind seit Jahrtausenden bekannt und gelehrt worden. Christen, denen schon lange der Rat gegeben wurde, «stille zu sein und auf den Herrn zu warten», verfügten über einen einfachen Schlüssel zum Meditationserfolg. Es haben sich spezielle Methoden aus dem Versuch entwickelt, eine ideale mentale und emotionale Umgebung zu schaffen, in der klares Selbstgewahrsein auf natürliche Weise erfahren werden kann. Es werden Konzentrations- und Entspannungsmethoden gelehrt, durch die der Mensch einen Grad innerer Wachheit erreicht, der das Erforschen innerer Bereiche ermöglicht. Jede für den einzelnen wirkungsvolle Methode ist für diesen einzelnen geeignet.

Wir verdanken der Yogatradition unser gegenwärtiges Wissen über Meditation und Meditationsmethoden, weil Lehrer dieser Tradition ihr spirituelles Erbe seit vielen Tausenden von Jahren herleiten können - aus der Zeit, als Seher sehr brauchbare Methoden für die Befreiung des Bewußtseins und zur Klärung des Gemüts erforschten und vervollkommneten. Ich empfehle hier nicht, daß westliche Menschen augenblicklich beschließen müßten, östliche Bräuche aufzunehmen, um Erfolg in der Meditationspraxis zu haben. Ich gebe nur zu bedenken, daß wir als spirituelle Wesen, durch menschliches (bedingtes) Bewußtsein wirkend, alle den gleichen Ursprung haben. Unser Zuhause ist der innere Bereich. Methoden, die bei einem bewußt lebenden Menschen zum Erfolg führen, und zwar unabhängig von der kulturellen Zugehörigkeit, werden auch anderen bewußt lebenden Menschen Erfolg bringen. Die religiöse Zugehörigkeit beispielsweise ist eine persönliche Angelegenheit, und sie ist nicht ausschlaggebend dafür, ob wir mit der Meditationspraxis Erfolg haben oder nicht. Wichtig ist, wie ich meine, die Wahrheit (über das Wesen des Selbst, des Gemütes und des Universums) anzuerkennen, wo immer sie an der Oberfläche unseres Planeten zutage tritt. Philosophen zufolge offenbarten sich die Informationen, die wir zur Zeit über die Methoden der Meditation und Selbstanalyse haben, aus dem Innern der Menschen in der Kontemplation über die großen Lebensfragen. Die enthüllte Wahrheit (das, was so ist, worüber auch immer nachgeforscht wurde) ist als «Veda» bekannt. Die «Veden» oder Offenbarungen werden im allgemeinen oft für schriftliche Sammlungen solcher Offenbarungen gehalten. Der wirkliche Ursprung der Wahrheit aber ist der Bereich reinen Bewußtseins, aus dem alles entstand und in den schließlich alles wieder zurückfließt. Die Wahrheit begleitete den Menschen vom frühen Beginn an auf diesem Planeten. Sie wurde von Generation zu Generation durch mündliche Belehrung und später durch die Heiligen Schriften der Welt weitergegeben. Die Wahrheit gehört nicht einem Menschen oder einer Gruppe. Sie liegt in jedem Menschen und taucht in jedem auf, der offen und empfänglich für sie ist.

In den USA wurde die Meditation in gewisser Weise durch die Lehrer des «Neuen Denkens» gelehrt. Besondere Weisungen wurden durch Lehrer der Yogatradition gegeben. Paramahansa Yogananda hat den Grundstein des Yogastudiums im Westen gelegt, und andere folgten ihm. Der weltweit bekannteste Yogalehrer der letzten Jahre ist Maharishi Mahesh Yogi, der die Mantra-Meditationsmethode populär gemacht hat. Zwischen wahrhaftigen Lehrern gibt es kein Konkurrenzdenken, da sie alle wissen, daß ihre spezielle Aufgabe auf einen ganz bestimmten Zweck gerichtet ist, entsprechend den individuellen Bedürfnissen und gemäß dem jeweiligen Stadium der Weltevolution.

Kann man jeden in Meditation unterrichten?

Jeder Mensch, der sich seiner selbst einigermaßen bewußt ist, kann in Meditation unterrichtet werden. Er muß fähig sein, die Anweisungen zu verstehen, und er muß ermutigt werden, gemäß den gegebenen Anleitungen zu üben. Wenn man die Meditationsanleitungen sorgfältig beachtet und wie empfohlen übt, ohne nach schnellen Ergebnissen zu streben, wird der Vorgang unbedingt zum Erfolg führen.

Ist es gefährlich, Meditation zu praktizieren?

Absolut nicht. Was könnte für die Gesundheit und das Wohlbefinden natürlicher und förderlicher sein, als den Körper und das Nervensystem zur Ruhe zu bringen und dem Gemüt zu erlauben, sich zu klären? Wer starken Gefühlsschwankungen und Sinnestäuschungen unterliegt und verzweifelt versucht, einen veränderten Bewußtseinszustand herbeizuführen, der sollte zu emotionaler Gesundheit und zu persönlicher Verantwortlichkeit angehalten werden. Wir empfehlen regelmäßige Meditationspraxis, die im Einklang steht mit verantwortungsbewußter Aufmerksamkeit gegenüber den Dingen des täglichen Lebens.

Ich habe von Menschen gehört, die in einen hypnotischen Trancezustand gleiten, die Botschaften erhalten oder automatisch schreiben. Wie verhält es sich damit?

Hypnotische Trancezustände, der Wunsch, Botschaften zu erhalten, und/oder die Neigung, «eine Botschaft durchkommen zu lassen», sind Hindernisse für den Erfolg in der Meditation. Einige Menschen, die schon einmal hypnotisiert worden sind oder die nicht die Notwendigkeit verstehen, wachsam zu bleiben, können leicht einen Trancezustand erleben. Dies sollte aber vermieden werden, weil es nicht zu der Erfahrung reinen Bewußtseins beiträgt. Jedes «Spiel», das wir spielen, um Botschaften zu erhalten, ist ein ziemlich sicherer Weg, Verwirrung zu stiften. Führung wird eintreten, sie kommt jedoch aus unseren eigenen innersten Tiefen und nicht von irgendeiner individualisierten Intelligenz außerhalb von uns.

An manchen Tagen bin ich zum Meditieren nicht aufgelegt. Was soll ich machen?

Wir alle haben solche Tage. Wenn wir ausgeruht sind und unser Leben geordnet ist, fühlen wir uns bei regelmäßiger Meditationspraxis gewöhnlich zum Meditieren angeregt, sobald sich die festgesetzte Meditationszeit nähert. Wenn wir vor der festgesetzten Zeit keine Vorfreude empfinden und erst kürzlich mit der Praxis begonnen haben, sollten wir auf alle Fälle trotzdem meditieren. Launen nachzugeben und Vorhaben zu verschleppen führt uns in keinem Unternehmen zu Erfolg.

Wir empfehlen daher tägliche Meditation, so wie wir auch andere alltägliche Aufgaben verrichten, die notwendig und nützlich sind.

Die Meditation sehe ich als Entspannungsübung an. Ich möchte aber auch in eine persönliche Beziehung zu Gott eintreten. Gibt es dafür irgendwelche Empfehlungen?

Ja, erforschen Sie Schriften Ihrer Wahl und seien Sie gewiß, daß, sobald wir entspannen und die Gedanken sich klären, die Intuition erwacht, das Unterscheidungsvermögen sich schärft und uns die innere Führung zu der Erfahrung lenkt, die wir brauchen, um unsere bewußte Beziehung zu Gott zu erkennen und zu erfahren. Die letzte Wirklichkeit kann nicht intellektuell erforscht werden. Sie kann nur aufgrund innerer Erfahrung erkannt werden.

Ich bin Hausfrau und die einzige Person in unserer Familie, die gegenwärtig an der Meditation interessiert ist. Wie plane ich meine Zeit für die Meditation?

Wenn Ihre Beziehung zu Ihrem Mann und den übrigen Familienmitgliedern offen und klar ist, wird es keine Probleme geben, private Zeit für die tägliche Praxis zu haben. Eine Empfehlung: Drängen Sie nicht andere in Ihrem Familienkreis, Ihr gegenwärtiges Interesse an der Meditation zu teilen, und belästigen Sie sie auf keinen Fall damit. Für Sie kann es ein Lernprozeß sein, den

Tag zu planen. Ihr durch regelmäßige Meditationspraxis persönlich erlangter Gewinn kann Ihre Familie nur bereichern.

Ich bin Geschäftsführer mit großer Verantwortung. Hat die Meditationspraxis einen Wert für mich?

Tausende von Führungskräften haben herausgefunden, daß die Meditation erfrischt, entspannt und ihnen hilft, Streß vom Organismus abzuleiten. Die Meditation klärt das Gemüt und befähigt zu weit wirkungsvollerer Tätigkeit in der Geschäftswelt. Es ist ein hilfreiches Verfahren für einen leitenden Geschäftsmann (und für jeden in ähnlicher Situation), nach der Meditation zu ruhen und einige Minuten nachdenkend und planend zuzubringen. Wenn wir entspannt sind und klar denken, vollbringen wir mehr in weniger Zeit, wir kommen besser mit anderen aus, und wir machen weniger Fehler.

Ist es ein Gewinn, mit anderen zu meditieren?

Viele berichten von einer tieferen Erfahrung während der Meditation als Mitglied einer Gruppe. Das mag der inneren Führung eines geschulten Meditierenden zuzuschreiben sein, der die Gruppe leitet. Das mag sich auch aus der Tatsache ergeben, daß unser eigener innerer Vorsatz durch die Gegenwart der anderen mit gleichen Idealen bestärkt wird. Auf alle Fälle ist es gut, nicht von der Gegenwart anderer abhängig zu werden und nicht ihre Unterstützung zu brauchen. Wenn Sie in der Gruppe meditieren, vermeiden Sie die Diskussion innerer Erfahrung und nutzlose Unterhaltungen, die das in der Meditation Gewonnene schnell zunichte machen können. Viele meiner Freunde und Schüler haben es eingerichtet, sich einmal in der Woche schweigend etwa eine Stunde lang zur Meditation zu treffen, und sie berichten, daß diese Zusammenkünfte ihnen sehr helfen. Sie meditieren auch weiterhin allein zu Hause.

Von Zeit zu Zeit höre ich von ungewöhnlichen Versuchen bei einigen Meditationsgruppen: Versuche in den Möglichkeiten der Levitation, der Kontrolle von Körpervorgängen und der Beherrschung natürlicher Energien. Ist dieses Bestreben sinnvoll?

Ich bin der Meinung, daß für fortgeschrittene Meditierende, die danach streben, innere Bereiche zu erforschen, um besseres Verständnis der Vorgänge im Gemüt, im Körper und in der Natur zu gewinnen, solche Versuche ein sehr sinnvolles Bestreben darstellen. Seit langem ist bekannt, daß der Mensch hauptsächlich durch die Konditionierungen seines Gemüts begrenzt ist. Im Hinblick auf das innere Wirken ist es für den Menschen durchaus möglich, in behutsamer Absicht Gemüt und Dinge zu beeinflussen. Betrachter, die den angewandten Vorgang nicht verstehen, mögen die Auswirkungen dieser Versuche als Wunder ansehen. Die Wahrheit darüber ist jedoch, daß ein Mensch, der einen höheren Einfluß auf die äußere Ebene der Natur als Ergebnis inneren Gewahrseins veranschaulichen kann, lediglich subtilen Naturgesetzen folgt. Ich möchte sagen, daß in den kommenden Jahren diese Fähigkeiten derart entwickelt werden, daß das, was einmal unmöglich schien, eine selbstverständliche Gewohnheit sein wird.

Gibt es irgendwelche Ernährungsempfehlungen für denjenigen, der in der Meditation Erfolg haben möchte?

Die einzige Empfehlung ist die, auf ausreichende und angemessene Ernährung zu achten. Natürliche Ernährung, im richtigen Verhältnis und den Bedürfnissen entsprechend, ist empfehlenswert. Die ideale Ernährung ist die, die zur Gesundheit und Vitalität beiträgt.

Ist die Meditation mit normaler Lebensweise vereinbar, oder muß man drastische Änderungen vornehmen, um Ergebnisse zu erzielen?

Es wurden bereits bestimmte Empfehlungen gegeben (siehe Kapitel 5), um die Harmonie im Innern und mit unserer Umwelt zu sichern, und es gilt die allgemeine Regel, ein normales (natürliches) Leben zu führen. Innerer Führung folgend, wirken wir unserem Temperament entsprechend, führen wir die schöpferischen Bemühungen aus, die uns Gelegenheit zur Freude und zum sinnvollen Beitrag zum Leben bieten. Wir verkehren mit der Familie, mit den Freunden und Mitmenschen in einer förderlichen eise. Ein Bereich, der häufig diskutiert wird, wenn wir an eine normale Lebensweise denken, ist unsere sexuelle Beziehung. Der gesunde Menschenverstand sagt uns in der

Mehrheit der Beispiele, daß eine gesunde sexuelle Beziehung ein Teil des natürlichen Lebens ist. Mein Rat ist also, wenn man eine glückliche Beziehung hat, leicht mit dem Leben zu fließen und der persönlichen Beziehung zu erlauben, frei und spontan zu sein.

Verzweifelt nach jeder Sinneserfahrung zu greifen ist ebensowenig in Übereinstimmung mit der Natur, wie eine natürliche Zuneigung zu verleugnen. Sich hinzugeben, sich mitzuteilen und das Leben zu erleben heißt, natürlich zu sein. Dieses natürliche Verhalten stört keinesfalls den Meditationsprozeß. Viele berichten, daß sich aufgrund tiefer Entspannung und mentaler Klarheit eine natürliche und gesunde Lebensweise entfaltet.

Wie verhält man sich auf Fragen von Freunden und Familienangehörigen, die momentan unser Interesse an der Meditation nicht teilen?

Wenn Freunde und Familienangehörige aufgeschlossen sind, geben Sie ihnen etwas Aufschlußreiches zum Lesen, etwas wie dieses Buch. Wenn unsere Beziehungen gesund sind, werden wir im Umgang mit anderen keine Schwierigkeiten haben. Manchmal, das aber ist selten, wird ein Freund anscheinend Freude daran haben, eine Diskussion in Gang zu setzen, ungefragten Rat zu erteilen oder unangebrachte Bedenken auszusprechen. Das kann eine Gelegenheit sein, sich über diese Beziehung klar zu werden und zu versuchen, bessere Verständigung herzustellen. In extremen Fällen kann ein uns nahestehender Mensch tatsächlich sehr herrschsüchtig sein und uns niederdrücken. Wenn es uns wirklich nicht möglich ist, eine solche Situation gerecht und verantwortungsbewußt zu meistern, steht es uns nach meiner Meinung vollkommen frei, uns von diesem Menschen zu distanzieren.

Sollten Kinder Meditationsunterricht erhalten?

Die meisten Kinder eignen sich ganz natürlich die Meditation an. Wenn Sie Kinder anlernen, machen Sie es einfach, und drängen Sie kein Kind dazu, über den ihm angenehmen Punkt hinaus weiterzumachen. Das bedeutet, daß Sie von einem Kind nicht verlangen sollten, zu lange Zeit zu meditieren. Ermutigen Sie es außerdem nicht zur Wahrnehmung von Visionen, Stimmen oder irgendwelchen Phantasien. Ich empfehle, Kindern Meditation als einen natürlichen Vorgang zu lehren und für die Ausbildung des Kindes zu sorgen, damit es ein glückliches, gesundes Mitglied der Menschheitsfamilie werden kann. Ermuntern Sie niemals zu hellseherischen Wahrnehmungen, wie etwa die Zukunft vorauszusagen. Wir alle haben natürliche außersinnliche Wahrnehmungsfähigkeiten, und wir alle erleben innere Führung. Außerdem ist es nicht das Beste, etwas Besonderes aus einem Kind machen zu wollen, indem man übermäßig betont, wie «clever», «helle» und «fortgeschritten» es ist. Eine sinnvolle Haltung ist, mit dem Kind regelmäßig zu meditieren und sich dann wieder der Arbeit, dem Spiel, oder was auch immer als nächstes ansteht, zuzuwenden. Die Talente und Neigungen eines heranwachsenden Menschen werden sich mit fortschreitender Reife ganz natürlich entfalten.

Mein Schoßtier mag gerne mit mir meditieren. Ist das richtig?

Während der allgemeinen Gelegenheiten zu ruhiger Kontemplation gibt es selbstverständlich keinen Grund, warum ein Haustier nicht unsere Gesellschaft genießen sollte. Aber für tiefe Meditation empfehlen wir vollkommenes Alleinsein, um jede mögliche Ursache einer Ablenkung auszuschließen.

Sollte man in einem dunklen Raum meditieren oder genügt jeder andere Ort?

Für tiefe Meditation ist ein ruhiger, dunkler Raum am besten geeignet. Das schließt aus, daß Lärm oder Licht von außen die Konzentration stören. Der Raum braucht nicht vollkommen dunkel zu sein. Wenn wir lediglich zur Entspannung den Atemvorgang beobachten oder auf das Mantra hören, ist der Ort nicht ausschlaggebend. Für tiefere innere Arbeit sollten wir jedoch dafür sorgen, zu einer Zeit und an einem Ort zu meditieren, zu der bzw. an dem wir absolut ungestört sind. Wenn das Telefon Ihre Konzentration stören könnte, verwenden Sie einen Anrufbeantworter oder stellen sie es ab.

Wie kann ich wissen, ob ich den reinen Bewußtseinszustand während der Meditation erlebt habe?

Wenn wir fragen müssen, haben wir wahrscheinlich diesen klaren Zustand nicht erreicht. Wir wissen alle, was wir in der Meditation erleben. Über die reine Erfahrung nachzudenken ist nicht dasselbe, wie sie zu erleben. Wenn wir innerlich ohne jeden geringsten Zweifel gewahr werden «Reines Bewußtsein bin ich», dann machen wir die Erfahrung. Der Beweis für erfolgreiche Meditation ist innere Ruhe, ein gesteigertes Gefühl der Übereinstimmung mit dem Leben, ein sicheres Empfinden für innere Führung und eine anhaltende Gelassenheit.

Erreichen wir jemals das Stadium im Leben, in dem Meditation nicht mehr notwendig ist?

Ja, und wir wissen, wann wir diese Entwicklungsstufe erreicht haben. Wenn wir von Spannungen vollkommen unberührt sind, wenn wir immer bewußt und spontan mit vollkommenem Verständnis leben, ist die Meditation nicht mehr länger notwendig. Ich habe jedoch festgestellt, daß sogar Menschen, die dieses erleuchtete Stadium erreicht haben, sich dennoch dann und wann Zeit vorbehalten, in der sie in die Stille gehen. Es scheint, daß auch Erleuchtete Abstand vom Tätigsein brauchen. Gelegentliches Ausruhen und Entspannen bietet die Möglichkeit, in dem Gewahrsein reinen Bewußtseins zu ruhen. Nach solch gelegentlicher Zurückgezogenheit scheint das tägliche Tun in Harmonie mit dem Evolutionsplan leichter zu fließen.

Die Nacht vergeht, die Dämmerung erwacht. Die Sonne der Erleuchtung steigt zur Himmelsmitte empor. Wir gehen einem glorreichen Zyklus des Evolutionsgeschehens entgegen.

7. EPILOG
Das vor uns liegende «Neue Zeitalter» - Eine Vision zukünftiger Möglichkeiten

Wo immer bewußte Wesen leben, dort äußert sich ein inneres Bedürfnis zur Entfaltung der angeborenen Fähigkeiten. Was angeboren ist, ist das, was bereits in uns vorhanden ist, auch wenn es der Zeit und der Herausforderung bedarf, um es zum Vorschein zu bringen. Das Nervensystem im Menschen, dem edelsten Geschöpf, ist für den Ausdruck vollbewußten Lebens oder für die Bedingung der Erleuchtung bestens geeignet. Erleuchtet sein heißt, seines eigenen wahren Wesens auf allen Ebenen bewußt gewahr zu sein und sich in einem idealen Zustand zu befinden, um die Ganzheit des Lebens in der Kontemplation zu erfahren und das Leben in seiner unendlichen Vielfalt zu verstehen.

Leben ist, so wird gelehrt, ein Kontinuum. Leben ist immer eines, obwohl es sich unterschiedlich darstellt. Alles, was wir sehen können, ist dieses Eine, das sich ausdrückt. Das Leben hat eine subtile und eine manifestierte Seite. Es ist die subtile Seite des Lebens, die die manifestierte Seite ermöglicht. Es ist die subtile Seite, die die Ursache und der Träger des äußeren Ausdrucks ist. Wo aber ist die Wirklichkeit? Die Antwort muß heißen: «Die Wirklichkeit ist überall um uns herum.» Wenn die subtile Seite des Lebens wirklich ist, dann muß der äußere Ausdruck auch wirklich sein. Hier jedoch liegt die Falle: Die subtile Seite ist beständiger als die manifestierte Seite. Äußere Manifestation unterliegt ständigem Wandel durch das Wechselspiel der subtilen Kräfte und Energien. Philosophen sagten über unsere Welt: «Auch diese wird vergehen.» Ja, alles, was wahrgenommen werden kann, wird sicherlich eines Tages in Form und Inhalt verändert sein. *Etwas* jedoch verändert sich nicht. Dieses *Etwas*, worauf wir uns beziehen, ist *reines Bewußtsein*.

Aus dem inneren Raum, aus dem Bereich, aus dem alle manifestierten Formen kommen, ist die Welt in Erscheinung getreten, so wie wir sie wahrnehmen. Es wird gelehrt, daß es subtile Welten gibt, die genauso wirklich sind wie die von uns wahrgenommene, die der Durchschnittsmensch in seinem gegenwärtigen Bewußtseinszustand jedoch nicht erkennen kann. Unser Unvermögen, eine Sache wahrzunehmen, beweist nicht die Nichtexistenz dieser Sache. Unser Unvermögen, etwas zu verstehen, widerlegt keinesfalls dessen Wirklichkeit. Jeder Ausdruck des Lebens kann in irgendeiner Weise wahrgenommen und verstanden werden, wenn alle Bedingungen für die Wahrnehmung und für das Erkennen geschaffen sind.

Meditation wird seit langem als nützlicher Weg zur Selbsterkenntnis und zum Eintreten in den subtilen Bereich des Lebens gepriesen. Was den subtilen Bereich des Lebens betrifft, meine ich hier nichts Fremdes oder Ungewöhnliches, lediglich das, was natürlich ist. Sich jedoch mit Dingen der subtilen Natur zu beschäftigen, ehe man psychisch ausgeglichen ist, möchte ich nicht empfehlen. Vorbereitungen sind nötig, bevor jemand die größere Verantwortung für gesteigerte Wahrnehmung und tieferes Wissen tragen kann. Deshalb empfehlen wir ein regelmäßiges Meditationsprogramm, verbunden mit praktischer Beachtung des Lebens und in Harmonie mit den Gesetzen und Gegebenheiten der Natur. Hinsichtlich der «Gegebenheiten der Natur» verweise ich auf alle Manifestationen des Lebens in unserer Welt.

Können wir in unserer Welt glücklich sein? Können wir gedeihen und gesund sein? Können wir Harmonie mit anderen erleben? Ja, natürlich können wir glücklich sein, wir können gedeihen und gesund sein, und wir können Harmonie mit anderen erleben. Wir beginnen zunächst einmal da, wo wir beginnen müssen, nämlich bei uns. Wenn mit uns alles in Ordnung ist, wird alles dahin führen, daß auch unsere Beziehungen in Ordnung kommen. Die Vergangenheit für unsere gegenwärtigen Begrenzungen (wenn solche bestehen) zu beschuldigen wird niemals unsere Probleme lösen. Die gegenwärtige Situation zu beschuldigen wird auch niemals unsere Probleme lösen. Die Zukunft zu fürchten ist Zeitverschwendung und unvernünftig. Das, was die Welt in Erscheinung treten läßt, was die Welt lenkt und unterhält, weiß auch, was es jetzt tut, und wir können lernen, mit dem vollkommenen Plan übereinzustimmen.

Das, was wir die Überseele nennen, drückt sich auch als die eigene Seele aus. Alle Eigenschaften, die in der Überseele zu finden sind, sind auch in uns zu finden. Deswegen führt inneres Erkennen zum Erkennen des

Ganzen. Seit Tausenden von Jahren wird das von den Sehern gelehrt. Die Lehre hat nicht die Gültigkeit, weil sie gelehrt wird. Die Lehre ist gültig, weil sie wahr ist. Wir sind gehalten, mit ehrlicher Absicht zu forschen, um zu erkennen, was wahr ist, bis wir uns vollkommen klar darüber sind, was wahr ist. Wenn wir die Klarheit des Erkennens besitzen, haben wir innere Ruhe. Ein gläubiger Mensch kann manchmal fanatisch sein, um seinen Glauben zu stützen. Ein Wissender reagiert niemals emotional hinsichtlich seines Wissens, und er ist nie unsicher in Anwesenheit jener, die gegenwärtig nicht erkennen. Ein Erleuchteter weiß, daß alle Menschen einmal bewußt die wahre Natur des Lebens erkennen werden. Für einige ist dieses Erwachen eine Frage der Zeit, eine Frage der persönlichen Bestimmung. Für einige ist gar keine besondere Absicht notwendig, um zu erkennen. Wenn die Gelegenheit für solche Menschen günstig ist, taucht das Wissen einfach im Bewußtsein auf. Für andere, die den Wunsch nach Erkenntnis haben, können bestimmte Disziplinen nützlich sein. Sobald wir unsere Gedanken ordnen, unser Gefühlsleben klären, eins werden mit dem natürlichen Strom des Universums und richtig meditieren, ist die ideale Umgebung für das Gemüt und das Bewußtsein geschaffen, so daß das angeborene Wissen auftauchen kann.

Es gibt drei offenkundige Einflüsse, die durch die gesamte Natur strömen, das Gemüt und den physischen Körper des Menschen einbezogen. Es gibt den Einfluß, der in uns den Wunsch zu erkennen, zu streben und völlig bewußt zu sein, weckt. Es gibt den Einfluß, der uns in Ruhelosigkeit und in Antrieb ohne bewußten

Zweck versetzt. Es gibt den Einfluß, der zu Trägheit beiträgt, zu Stumpfsinn, zu Unwissenheit und zum Mangel an Wißbegier in bezug auf das wahre Leben. Es kann nur wenig für Menschen, in denen Trägheit vorherrscht, getan werden, außer sie zu bilden und behutsam zu ermutigen. Für aktive Menschen, die ohne bewußten Zweck handeln, kann etwas mehr getan werden. Sie können dazu angehalten werden, ihre Gemütskräfte und ihre Talente klug zu nutzen. In jenen, in denen der aufwärtsstrebende Einfluß wirksam ist, kann das größte vorhandene Potential mit Sicherheit zur Erfahrung der Erleuchtung führen.

Heutzutage gibt es eine große Anzahl von Lehrsystemen. Einige tragen exotische Namen, andere gelten lediglich als anwendbar für die Menschen der Gegenwart und können nicht als außergewöhnlich bezeichnet werden. Es scheint mir, daß der Name, der einem System gegeben wurde, nur als Erkennungszeichen sinnvoll ist. Niemals sollten wir auch nur für einen Moment meinen, daß ein bestimmtes System größeren Wert hätte als ein anderes, solange sie geprüft und als gültig befunden wurden. Einige Systeme, die heutzutage angeboten werden, sind offensichtlich das Ergebnis unreifer Offenbarungen. Einige andere Systeme entstammen dem Versuch ihres Begründers, ein Geschäft aus dem gegenwärtig großen Interesse an Erleuchtung und Selbstverwirklichung zu machen. Wie auch immer, dies ist nicht der gegebene Anlaß, das große Feld spiritueller Lehren zu untersuchen. Es ist vielmehr unsere Aufgabe, die Grundlagen zu erforschen, unsere eigenen Ziele zu setzen und in die Beziehung zum Leben zu treten, die unsere Bestimmung vorgesehen hat.

Bestimmung kann nicht aufgehoben werden. Was sich jetzt in unserem Leben entfaltet, muß ein Ergebnis eines vorherigen Einflusses sein. Ich weise nicht auf eine nur oberflächliche Annahme von Ursache und Wirkung hin. Es gibt Ursache und Wirkung, und es gibt außerdem Einflüsse und Ergebnisse. Zum Beispiel: Ein Kind mag schlecht behandelt worden sein und trägt die Narben einer solchen Behandlung durch sein ganzes Leben, ohne zu wissen, wie es etwas besser machen könnte, und ohne zu wissen, wie es sich über die unterbewußten Eindrücke (Reaktionsbilder) früherer Ursachen hinwegsetzen könnte. Psychologische Verwirrung kann dann die Auswirkung dieser Ursache sein. Im anderen Falle kann ein Kind durch einen Erwachsenen schlechte Behandlung erfahren, jedoch bewußt genug sein, um zu erkennen, daß die erfahrene Behandlung, obwohl real genug, nicht ständig der Psyche zu schaden braucht.

Die erfahrene Behandlung mag in beiden Fällen die gleiche sein. Im ersten Beispiel ist das Geschehen reine Ursache und Auswirkung. Im zweiten Beispiel ist das Geschehen Einfluß und Ergebnis bewußter Lebenserwiderung. Wenn wir nicht sehr wach sind, leben wir mehr mechanisch als bewußt, deshalb ist das Zusammenspiel von Ursache und Wirkung beinahe immer offensichtlich. Wenn wir bewußt und geistesgegenwärtig sind, stellt eine ähnliche Ursache einen Einfluß dar, der beim Betroffenen zu einer Antwort führt, die seiner persönlichen Auffassungsgabe sowie seiner Fähigkeit, zu prüfen und sich selbst zu bestimmen, entspricht.

Ein Mensch auf der Ebene von Ursache und Wirkung versucht gewöhnlich mit großem Einsatz, Dinge geschehen zu lassen, weil seine Weltanschauung die eines mechanischen und unbewußten Menschen ist. Ein Mensch auf der Ebene von Bestimmung fließt mit der Natur und findet seinen Platz in der natürlichen Ordnung. Er ist dann aktiv, wenn Handlungen erforderlich sind, und er ruht, wenn nichts getan werden muß. Ein Mensch auf der Ebene von Bestimmung weiß, daß ein schöpferischer Plan in sich den Samen seiner Erfüllung trägt, weil das, was den Plan schuf, ebenfalls weiß, wie es den Plan in Zeit und Raum in vollkommener Ordnung entfaltet. Es gibt keine Zufälle für einen solchen Menschen, es gibt nur eine Zeitbestimmung. Es ist wahr, daß «nichts mächtiger ist als eine Idee, deren Zeit gekommen ist». Der Grund dafür ist, daß eine Idee, für die die Zeit reif ist, von der Intelligenz und der Kraft des Lebens selbst gestützt wird. Deshalb kommen Offenbarungen und wissenschaftliche Durchbrüche immer rechtzeitig, um einen zeitgemäßen Bedarf zu stillen.

Es ist interessant zu beobachten, daß dieses grundlegende Wissen, über das wir gerade sprechen, immer irgend jemandem auf diesem Planeten bekannt gewesen ist, obwohl es nicht weitverbreitet war. Der Mangel weitverbreiteter Erkenntnis über die Natur des Lebens liegt nicht an der fehlenden Bereitschaft jener, die dieses Wissen mitteilen konnten. Der Mangel an weitverbreitetem Erkennen ist während bestimmter Zeitzyklen auf die Unfähigkeit der allgemeinen Bevölkerung zurückzuführen, die Informationen aufzugreifen. Doch das dunkle Zeitalter vergeht gerade, wir können uns also einer immer leuchtenderen Zukunft hingeben.

Ende Dezember 1949 traf ich meinen Lehrer Paramahansa Yogananda. Dieses Zusammentreffen war die Erfüllung meiner persönlichen Bestimmung. Es war, als wäre die Begegnung Äonen vorher vorbereitet worden, vielleicht war es so. Ich wußte schon als Kind, daß ich eines Tages das tun würde, was ich heute mache, obwohl das Bild hinsichtlich der zu unternehmenden Schritte nicht immer klar war. Meine Feststellung ist, daß sich alle Türen öffneten, wenn ich meiner inneren Führung folgte. Meine Erfahrung ist nicht neu; viele können sie in ähnlicher Weise teilen. Seit einigen Jahren habe ich eine große Bewußtseinserweckung in der Welt miterlebt. Ich kann die Stimme meines Lehrers hören, als er, kurz nachdem wir uns trafen, zu mir sagte: «Bereite dich jetzt vor, in der nahen Zukunft wird der Bedarf an wahren Lehrern sehr groß sein. Die Welt wird große Wandlungen durchmachen. Heute sind es Tausende Suchender, in der Zukunft werden Millionen nach Selbstverwirklichung verlangen.»

Es lag in meiner Bestimmung, mit vielen Lehrern in der Tradition der Erleuchtung zusammenzukommen. Sie alle dienen denen, die sich zu ihnen hingezogen fühlen. Das Leben wirkt durch viele Instrumente, um den Evolutionszweck zu erfüllen. Lehrer teilen mit uns ihre Erfahrungen, ihr Gewahrsein und ihr Wissen. Es liegt an uns, frohen Herzens anzunehmen, was sie zu geben haben, und dann die Wahrheit für uns selbst zu erfahren. Erfüllung liegt niemals außerhalb von uns. Wie ein großer Lehrer sagte: «Das Königreich des Himmels ist in uns.»

Wie uns geheime Quellen mitteilen, haben Seher schon vor Tausenden von Jahren eine Zeit der Erleuchtung, ein «Neues Zeitalter» vorhergesagt, im Vergleich zu dem gerade zu Ende gehenden materialistischen. Gegenwärtige Zeichen deuten auf die Sonne vollkommenen Gewahrseins, die über dem Horizont menschlicher Bedingtheiten aufsteigt. Das Licht reinen Bewußtseins taucht empor und führt zu einer Beschleunigung notwendiger Reformen und sinnvoller Anpassung. Es ist ganz natürlich, daß die Meditationspraxis heutzutage weit und breit als eine bereits erprobte Methode anerkannt ist, die Möglichkeit der individuellen Erleuchtung voranzutreiben.

Wir sprechen von einer unendlichen Intelligenz, wenn wir uns auf die Absicht der Evolution beziehen, die Welt zu einer letztendlich vorbestimmten Vollendung zu führen. Wer hat nicht von Zeit zu Zeit eine Art Mitwirkung an der Bestimmung und eine Erfahrung vollkommener Zeitbestimmung gefühlt, wobei sich alles in harmonischem Verhältnis zu entfalten schien? Wenn menschliches Gewahrsein genügend entwickelt ist, werden sich die Menschen ganz natürlich ihres eigenen Platzes im Plan der Evolution bewußt. Ich hoffe, wir können dann dieses Gewahrwerden mit einem Gefühl des Staunens und einer inneren Bereitschaft begrüßen und verantwortungsbewußte Mitwirkende in einem größeren Plan für die Menschheit werden.

Wir meditieren nicht nur für uns selbst, wir meditieren, damit das Leben durch uns einen klaren und nützlichen Durchlaß findet, der zum Wohlergehen aller Menschen beitragen kann. Mit der Entfaltung unseres inneren Potentials bringen wir tatsächlich unser erleuchtetes Bewußtsein in die soziale Struktur hinein. Alle Geschöpfe sind für die evolutionären Modelle erforderlich, und alle Menschen suchen die Erfüllung ihrer persönlichen Bestimmung. Ein erwachter Mensch, durch den sich erleuchtetes Bewußtsein ohne Begrenzung auszudrücken vermag, kann als Kanal betrachtet werden, durch den die unendliche Intelligenz frei wirkt. Deshalb scheint es mir unsere persönliche Verantwortung zu sein, vollkommenen Gebrauch von unseren schöpferischen Talenten zu machen und alles uns Mögliche zu tun, den angeborenen Fähigkeiten unbegrenzten Ausdruck zu verschaffen.

Um in unserer Welt erfüllt zu sein, müssen wir auf völlige Gesundheit und vollkommenes Wohlbefinden achten. Wir müssen auf spirituelle, mental-emotionale, ethische, körperliche und wirtschaftliche Gesundheit achten. Spirituelle Gesundheit ist gesichert, wenn wir unser eigenes Wesen als reines Bewußtsein anerkennen. Mental-emotionale Gesundheit ist sichergestellt, wenn wir nicht länger durch Konditionierungen und Verdrängung im Denken und Gefühlsleben eingeschränkt sind. Ethische Gesundheit spiegelt sich in unseren ehrlichen und angemessenen Beziehungen zu den Menschen und der Natur. Körperliche Gesundheit ermöglicht Bewegungsfreiheit und Handeln ohne Erkrankung oder Furcht vor zukünftigen Beschränkungen. Wirtschaftliche Gesundheit ermöglicht Freiheit von Mangel und die Freiheit, notwendige Ziele zu setzen und diese leicht und vollkommen zu erreichen. Leid und Begrenzung ist auf Mangel an Wissen zurückzuführen. Der Mangel an Wissen kann durch Erkennen aufgehoben werden, und wir können dann mit der erfreulichen Aufgabe beginnen, bewußt an den Vorhaben und Geschehnissen des «Neuen Zeitalters» teilzunehmen. Eine Welt ohne Bedrohung durch Kampf kann garantiert werden, Freiheit von Mangel und Begrenzung kann zugesichert und persönliche Erleuchtung erfahren werden.

Wie verantwortlich sind wir für unsere Erfahrungen? Was tun wir, um die Hindernisse in Gemüt und Bewußtsein zu beseitigen, so daß das innere Licht leuchten und wahre Erkenntnis erlangt werden kann? Wir haben in diesem Buch einige Hinweise gegeben. Mögen alle Menschen erleuchtet sein, mögen alle gedeihen und gesund sein. Möge die unendliche Intelligenz durch alle fließen, damit die Absicht der Evolution sich leicht erfüllt.

8. Worterläuterungen

von Rosemarie Schneider und
Dr. phil. habil. Hans Endres

Die «Babylonische Sprachverwirrung» ist kein einmaliges geschichtliches bzw. mythisches Ereignis, sondern das ständige unvermeidliche Schicksal aller sprachlichen Verständigungsversuche. Jede begriffliche Formulierung ist mißverständlich, weil Menschen zwar die gleichen Worte benutzen, darunter aber etwas ganz anderes, ja oft sogar Gegensätzliches verstehen können gemäß ihrer verschiedenartigen Lebenserfahrung und Bewußtseinsentwicklung. Nur Kinder und Liebende, Meditierende und Erleuchtete können sich unmittelbar ohne Worte verstehen. Solange wir aber miteinander sprechen müssen, ist daher immer zuerst abzuklären, was wir mit den gebrauchten Ausdrücken jeweils wirklich meinen. Wenn wir gar in einem Buch lesen, also nicht einmal direkt beim Autor rückfragen können, ist eine solche Erläuterung der wichtigsten bzw. am häufigsten mißverstandenen Wörter um so notwendiger, und das erst recht bei einer Übersetzung, die ohnehin unzulänglich bleiben muß, weil es in jeder Sprache Ausdrücke und Redewendungen gibt, die nur dieser Sprache eigentümlich sind und daher nur annähernd sinngemäß übersetzt werden können.
Die nachfolgenden Worterläuterungen erheben keinerlei Anspruch auf Vollständigkeit oder Allgemeingültigkeit, sondern sollen nur nochmals verdeutlichen, welche Bedeutung der Autor den genannten Ausdrücken gibt.

Bewußtsein: Bewußtsein ist einerseits das Wissen um etwas, das Gewahrsein von etwas. Andererseits gibt es Bewußtsein an sich, d. h. ein Sein, das sich seiner selbst bewußt ist, ohne daß es dazu eines Gegenstandes oder eines Spiegels bedarf, um sich seiner selbst bewußt zu sein. Dieses Bewußtsein an sich ist reines Bewußtsein, ist reiner Geist.

Bewußtseinsebenen: Grade oder Stufen des Bewußtseins, d.h. des bewußten Seins. Sie reichen, um nur einige zu nennen, von der elementaren über die mineralische, pflanzliche, tierische, menschliche, kosmische bis zur höchsten Ebene, der des reinen Seins. Demnach ist alles, was in Erscheinung tritt, Bewußtsein in fortschreitender Offenbarung, so daß es sich bei geistiger Entwicklung eigentlich nicht um Bewußtseinserweiterung oder Bewußtseinssteigerung handelt, sondern um immer klareres Gewahrwerden der Tatsache, daß «höchstes Bewußtsein mein wahres Wesen ist». Und je ungetrübter das gesamte Wollen, Denken, Fühlen und Wirken dieses wahre Wesen widerspiegelt, desto vollkommener ist dessen irdische Erscheinungsform.

emotional: gleichbedeutend mit affektiv oder irrational, d.h. gefühlsmäßig bzw. erlebnishaft.

Erleuchtung: Erleuchtung geschieht, wenn ein Mensch plötzlich oder fortschreitend sein Eins-Sein mit dem Ganzen erkennt und mit ihm in unmittelbare Berührung kommt. Er erwacht zu seinem wahren Wesen.

Essenz: wörtliche Bedeutung «das Seiende, das Wesen», also der eigentliche Gehalt und die wahre Wirklichkeit einer Substanz oder Idee.

Evolution: wörtliche Bedeutung «Auswicklung». Der als fortschreitende Entwicklung in Erscheinung tretende Schöpfungsablauf.

Geist, geistig: ist keinesfalls in dem bei uns üblichen Sinne von intellektuell, verstandesmäßig, gedanklich zu verstehen, sondern bedeutet «die eine Gegenwart, eine Macht und eine Substanz in diesem und als dieses manifestierte Universum» ebenso wie das wahre Selbst, denn «Ich bin ein Leben gebender Geist.»

Gemüt: (englisch «mind») - Gemüt bezeichnet den Bereich des Denkens und Fühlens (der Denkkraft und der Gefühlsnatur). Zwar muß man Denken und Fühlen theoretisch unterscheiden, doch vollzieht sich im praktischen Leben bzw. Erleben beides immer gleichzeitig, so daß es sich eigentlich um «denkendes Fühlen» oder «fühlendes Denken» mit jeweils verlagertem Schwerpunkt handelt. Die Ebenen des Gemüts lassen sich unterteilen in: das überbewußte, bewußte, unterbewußte und das unbewußte Gemüt.

Gewahrsein, spirituelles: Der durch die Erweckung erlangte Zustand eines Menschen, für den die geistige Wirklichkeit nicht mehr nur einen durch andere vermittelten theoretischen Glaubensinhalt bedeutet, sondern zur eigenen praktischen Erfahrung und selbst erlebten Gewißheit geworden ist.

Imagination: Imagination ist die Vorstellungskraft und ihre Anwendung. Imagination ist die Fähigkeit des Bewußtseins, sich einen Gegenstand ohne dessen Gegenwart durch inneres Anschauen bildhaft vorzustellen.

Individuum, individuell: Wörtliche Bedeutung «das Unteilbare», d.h. die einmalige und einzigartige, unwiederholbare Eigenart in jeder einzelnen Erscheinungsform der göttlichen Substanz.

Inspiration, inspirativ: Einer geistigen Offenbarung entspringende und das Denken mit höherem Bewußtsein erfüllende Eingebung (das «innere Wort«).

Intellekt, intellektuell: Das begrenzte begriffliche Denkvermögen, das wie ein Computer nur Eingegebenes zu verarbeiten vermag. Der Intellekt kann also Kenntnisse sammeln, nicht aber wesenhafte Erkenntnis gewinnen. Er kann Einzelheiten zusammentragen und ordnen, nicht aber zu übergeordneter Gesamtschau und wesentlicher Einsicht gelangen. «Hast Du die Teile in der Hand, fehlt leider nur das geistige Band.» (Goethe).

Intelligenz: Die Gesamtleistung des menschlichen Denkvermögens, in dem unterbewußte, bewußte und überbewußte Komponenten enthalten sind, so daß sich Intelligenz von der einfachsten tierischen Instinktverwertung bis zur höchsten menschlichen Fähigkeit intuitiver Kreativität erstreckt.

Intuition: Die Fähigkeit zu erkennen ohne jegliche Sinneswahrnehmung oder intellektuelles Schlußfolgern. Intuition führt den Menschen von innen, wenn er sie durch sich wirken läßt, und vermittelt ihm eine unmittelbare Erfahrung der Wahrheit. Intuition ist höchste Erkenntnis durch «liebende Vereinigung» von Erkennen und Erkanntem.

Involution: Wörtliche Bedeutung «Einwicklung». Der ursächliche Schöpfungsimpuls, aus dem die ganze Evolution hervorgeht.

Karma: Karma ist das Gesetz von Ursache und Wirkung, Saat und Ernte, das jeder Mensch durch sein Denken, Fühlen und Handeln in Gang setzt. Unter Karma verstehen wir auch das Ergebnis unseres Tuns und Lassens, unseres Gemütszustandes. Wissen wir, daß alles, was wir erleben, Wirkung unseres Gemütszustandes ist, dann wissen wir auch, daß wir jederzeit unser Karma ändern können, weil wir jederzeit unseren Gemütszustand ändern können. Karma heißt, daß das Gesetz uns mit dem gleichen Urteil richtet, mit dem wir uns selbst und andere richten, mit den Gedanken, die wir über das Universum und unsere Beziehung zu ihm in uns tragen. Es gibt persönliches und gemeinschaftliches Karma.

Kontemplation, kontemplieren: Innige Betrachtung. Sich immer intensiver mit dem Gegenstand der Betrachtung verbinden, sich immer tiefer hineinversenken und schließlich ganz darin aufgehen - eins werden («Identifikation«).

Konzentration: Wörtliche Bedeutung «auf einen Punkt gesammeltes Bewußtsein». Die Kraft der gesammelten Aufmerksamkeit wirkt psychisch ebenso stark wie die physikalische Kraft der in einem Brennpunkt gebündelten Lichtstrahlen.

Manifestation: wörtliche Bedeutung «faßbare Offenbarung, endgültige Festlegung». Die Welt als greifbarer und sichtbarer Ausdruck des schöpferischen Bewußtseins.

mental: Gleichbedeutend mit intellektuell oder rational, d. h. gedanklich bzw. begrifflich.

Modelle: Prägende Prinzipien oder Vorbilder, die den Ablauf von Geschehnissen oder Entwicklungen bestimmen. Es gibt Denkmodelle, auch «Ideen» genannt, die Grundlage aller bewußten Denkprozesse sind, und Erfahrungsmodelle, auch «Reaktionsbilder» genannt, die sich als unterbewußte Reaktionen auswirken.

Potential: Wörtliche Bedeutung «Vermögen, Veranlagung». Die Gesamtheit unserer Leistungs- und Wirkungsfähigkeit sowohl aufgrund unserer Erbanlagen als auch infolge unserer Position im «Kraftfeld» menschlicher und kosmischer Beziehungen.

Realität: Wörtliche Bedeutung «Wirklichkeit», wobei es eigentlich nur eine Wirklichkeit gibt, so daß alle anderen «Realitäten», insbesondere die materielle gegenständliche Welt, nur Erscheinungsformen der einen geistigen Wirklichkeit sind.

Relativität, relativ: Wörtliche Bedeutung «abhängig, in Beziehung zu etwas stehend». Da es nur eine wahre Wirklichkeit oder Substanz gibt, ist also alles, was das begrenzte menschliche Bewußtsein und Gemüt davon zu erfassen vermag, eben nur relativ.

Religion: Wörtliche Bedeutung «Rückbeziehung, Wiederverbindung», also das jedem Menschen wesenhaft eingeborene Bestreben der Rückkehr in den göttlichen Urgrund und der vollkommenen Wiederverbindung mit dem Seelenwesen. Religion ist nicht zu verwechseln mit Konfession, also mit den verschiedenartigsten Religionsformen, in denen die überzeitliche und allgemein menschliche Religion zu räumlich und zeitlich bedingten individuellen Ausprägungen gelangt. Es gibt infolgedessen nur eine Religion und so viele individuelle Konfessionen, wie es Menschen gibt.

Seele: Der individuelle Ausdruck höchsten Bewußtseins, das vollkommene Bild, das sich der Schöpfer vom Menschen gemacht hat. Die Seele ist das wahre Wesen des Menschen. Demnach *hat* der Mensch nicht eine Seele, sondern *ist* eine verkörperte Seele, die beim Sterben ihre körperliche Hülle wieder ablegt.

spirituell: Gleichbedeutend mit «geistig» (hat also nichts mit «Spiritismus» zu tun, der sich mit «Geistern» und nicht mit «Geist» befaßt).

Substanz: Das eigentliche Wesen, der beständige Urgrund, das in allem Wandel der Erscheinungsformen stets sich selbst Gleichbleibende.

Wahrheit: Das höchste Bewußtsein, das in seiner Absolutheit dem begrenzten Denkvermögen unfaßbar bleibt, wohl aber für die unbegrenzte Seele unmittelbar erfahrbar ist.

Wahrheitslehre(r): Erhebt, richtig verstanden, nicht den Anspruch, die absolute Wahrheit lehren zu können, sondern zeigt jedem Menschen die Mittel und Wege, wie er zu seinem ureigensten «Gewahrsein der Wahrheit» gelangen kann.

Meditation als Lebenshilfe

Zur Einführung in die Meditation und in andere Methoden und Möglichkeiten der Bewußtseinserweiterung sowie Hilfe zur Selbsthilfe gründete Rosemarie Schneider, Schülerin von Roy Eugene Davis, das

CSA - Centrum für Selbst-Aktivierung e.V.

Bei Vorträgen, Wochenend-Seminaren, Intensiv-Workshops und Aktiv-Urlauben können Sie u. a. erlernen:

Entspannungs- und Lebenskraftübungen,
Atemübungen, verschiedene Meditationsmethoden
Methoden der Selbstklärung
Konzentrations- und Willensschulung
Erweckung der Intuition
Anwendung der schöpferischen Imagination
Bejahungen und spirituelle Gemütsbehandlung

Das Centrum für Selbst-Aktivierung ist ein als gemeinnützig anerkannter Verein. Mit dem Bescheid des Finanzamtes Bad Homburg vom August 1985 wurde er erneut als besonders förderungswürdig bestätigt. Jeder hat freien Zugang und kann ohne Verpflichtungen an CSA-Aktivitäten teilnehmen.

Die Veranstaltungen werden von Rosemarie Schneider und anderen CSA-Seminarleitern durchgeführt. CSA veranstaltet einmal im Jahr eine Tagung mit international bekannten Autoren und Referenten.

Auf Anfrage erhalten Sie gerne kostenlos:
- eine Ausgabe des «CSA Magazin» mit Beiträgen von Roy Eugene Davis und anderen Autoren
- den aktuellen CSA-Veranstaltungskalender
- eine Adressenliste von deutschsprachigen Meditationsgruppen

CSA - Centrum für Selbst-Aktivierung e.V.
Kaiser-Friedrich-Promenade 87, D-6380 Bad Homburg
Telefon: 06172 - 26034

Bücher von Roy Eugene Davis im Verlag CSA

So kannst Du Deine Träume verwirklichen - Die Technik der Schöpferischen Imagination
Mit diesem Buch lernst Du, Deine schöpferischen Gedanken- und Vorstellungskräfte anzuwenden, um dadurch Deine Verhältnisse zu verbessern und ein Leben in Erfüllung zu führen.

Wahrheitsstudien
Dieses Buch gibt eine umfassende Anleitung, die metaphysischen Gesetzmäßigkeiten im täglichen Leben mit Erfolg anzuwenden. Es ist für den neuen Wahrheitssucher ebenso verständlich und hilfreich wie für den fortgeschrittenen, der von nun an im Meisterbewußtsein leben möchte.

Entfalte Dein inneres Potential
Was würdest Du mit Deinem Leben anfangen, wenn Du wüßtest, daß alle Dinge möglich sind? Der Autor zeigt Dir in diesem Buch die Schritte, wie Du Dein Potential erkennen und erwecken kannst.

Die Macht der Seele. Erlebte Wirklichkeit
Dieses Buch ist das grundlegendste und detaillierteste Werk des Autors über die Natur des Bewußtseins und über die Voraussetzungen für innere Befreiung. In diesem großen Standardwerk der spirituellen Literatur bringt Davis die zeitlosen Wahrheiten des klassischen Yoga in eine zeitgemäße Sprache.

WEITERE BÜCHER DES AUTORS:
So erlangst Du Erfüllung. Ein persönliches Arbeitsbuch
Gesundheit, Heilung und erfülltes Leben
Bewußte Unsterblichkeit. Erleuchtung als reale Erfahrung
Bhagavad-Gita. Einführung und Kommentar
Wie wir richtig und mit Erfolg beten

Bitte kostenlosen Buchprospekt anfordern beim:

Verlag CSA Rosemarie Schneider
Kaiser-Friedrich-Promenade 87, D-6380 Bad Homburg
Telefon: 06172 - 26034